Sabine Theadora Ruh

Finanzratgeber für freche Frauen

Sabine Theadora Ruh

Finanzratgeber für freche Frauen

Geldanlage, Altersvorsorge, Existenzsicherung

REDLINE | VERLAG

Bibliografische Information der Deutschen Nationalbibliothek
Die Deutsche Nationalbibliothek verzeichnet diese Publikation in der Deutschen Nationalbibliografie. Detaillierte bibliografische Daten sind im Internet über http://dnb.d-nb.de abrufbar.

Für Fragen und Anregungen:
ruh@redline-verlag.de

Nachdruck 2012

Nymphenburger Straße 86
D-80636 München
Tel.: 089 651285-0
Fax: 089 652096

Umschlag: Vierthaler & Braun, München
Coverabbildung: Corbis
Satz: Fotosatz Amann, Aichstetten
Druck: Books on Demand GmbH, Norderstedt

ISBN Print 978-3-86881-379-1
ISBN E-Book (PDF) 978-3-86414-070-9

Inhaltsverzeichnis

Anmerkung

Um das Arbeiten mit diesem Buch für Sie möglichst einfach und effizient zu gestalten, haben wir wichtige Textpassagen mit folgenden Icons gekennzeichnet:

Achtung, wichtig!

Aufgabe, Übung

Das sollten Sie auf jeden Fall vermeiden.

Beispiel

Tipp

Vorwort

Der Mann ist geschaffen, um Geld zu machen,
und die Frau hält die Kasse.
Andre Kostolany, Börsenguru

Auch beim Umgang mit Finanzen zeigt sich der kleine, aber bedeutende Unterschied zwischen den Geschlechtern.
Frauen verdienen für gleiche Arbeit weniger. Ihre Erwerbsbiografien verlaufen selten gerade und steil, sie zeigen stattdessen Karrierebrüche und Auszeiten durch Familienphasen. Und Frauen müssen dann aufgrund ihrer höheren Lebenserwartung mit weniger Geld länger auskommen.
Spätestens durch die hohen Scheidungsquoten ist außerdem klar, dass Ehe und Ehemänner keine ausreichende Altersvorsorge sind. Denn Altersarmut ist vorwiegend weiblich.
Doch das ist die Herausforderung der Zukunft für alle Frauen: Sie müssen heute – egal in welchem Familienstand – für ihre individuelle Existenzsicherung sorgen.
Denn: Die aktiven und modernen Frauen des 21. Jahrhunderts sind in Geldangelegenheiten selbstständig und emanzipiert.

Ihre *Sabine Theadora Ruh*

!

Umdenken tut Not!

Die Bundesbürger haben hohe Erwartungen für ihr Alter. So ist es 74 Prozent sehr wichtig, geistig beweglich zu bleiben. 65 Prozent betrachten es als sehr wichtig, körperlich flexibel im Alter zu sein. Um dies zu gewährleisten, halten 67 Prozent der Deutschen regelmäßige Vorsorgeuntersuchungen und medizinische Check-ups für sinnvoll. Die überwiegende Mehrheit der Deutschen meint, um geistig flexibel zu sein, sei es förderlich, aktiv im Leben zu stehen (91 Prozent), zu reisen oder Neues kennenzulernen (71 Prozent). Gleichzeitig sehen 31 Prozent der Deutschen ausschließlich oder hauptsächlich den Staat in der Pflicht für die finanzielle Versorgung im Ruhestand. Im Osten sind es sogar 44 Prozent. Weniger als ein Drittel, nur 29 Prozent, der Bundesbürger sagen, die Verantwortung für die Altersvorsorge trägt jeder für sich selbst.

Weniger Moneten – andere Geldbeziehung

Männer verdienen besser – bei gleicher Qualifikation

Gehaltsunterschiede zwischen Frauen und Männern von bis zu 25 Prozent ermittelte das Karriereportal Monster bei der Auswertung von 128.000 Jahresgehältern im Vergleich. Besonders gravierend sind die Unterschiede im Bereich Marketing. Dort verdienten Frauen mit sechs bis zehn Jahren Berufserfahrung im vergangenen Jahr knapp 15.000 Euro weniger als ihre männlichen Kollegen mit gleicher Qualifikation.

In anderen Berufsgruppen sieht es ähnlich aus: Berufsanfängerinnen mit ein bis fünf Jahren Erfahrung erhalten in den Bereichen Recht, Verwaltung und Organisation rund 10.000 Euro weniger Jahresgehalt als ihre männlichen Kollegen, im Finanzwesen sind es durchschnittlich 6.800 Euro. Beraterinnen im Consulting müssen sich mit rund 4.000 Euro weniger zufriedengeben, im Bereich Pharma und Medizin liegen Frauen mit circa 3.600 Euro hinten. Mit rund 960 Euro pro anno am geringsten ist die Gehaltsdifferenz im Personalwesen.

Leider kein rein deutsches Phänomen. In ganz Europa werden Frauen für ihre Arbeit schlechter bezahlt als ihre männlichen Kollegen. Das zeigt eine Erhebung des europäischen Statistikamts Eurostat, die alle vier Jahre durchgeführt wird und die Einkommensstrukturen innerhalb der Europäischen Union untersucht. Der Studie zufolge ist das Lohngefälle zwischen den Geschlechtern in Slowenien mit 11 Prozent am geringsten, am größten dagegen mit mehr als 30 Prozent in Großbritannien.

Verdienst von Frauen in Prozent des Männerverdienstes

(gemessen am Bruttostundenverdienst im Industrie- und Dienstleistungssektor)

Slowenien	89,0
Schweden	84,7
Frankreich	83,4
Italien	81,2
Portugal	80,3
Dänemark	80,0
Niederlande	76,4
Spanien	75,0
Deutschland	74,4
Großbritannien	69,7

Quelle: Eurostat

Der Gender Datenreport geht noch einen Schritt weiter. Er sieht Deutschland als Schlusslicht in Europa – und die absoluten Zahlen mit absteigender Tendenz. All dies bedeutet: Die Arbeit von Frauen ist nicht nur auf dem deutschen Arbeitsmarkt weniger wert. Zudem sind in Beschäftigungsgruppen mit niedrigen Gehältern Frauen überrepräsentiert.

Diskriminierung berufstätiger Frauen

Der niedrige Verdienst ist Folge der direkten Diskriminierung durch Männer, die ja üblicherweise über Frauenkarrieren entscheiden. Das zeigt sich am besten an den Gehaltsunterschieden in Führungspositionen. Dabei beginnt die Diskriminierung häufig schon zu Beginn der Berufstätigkeit. Bereits bei der Einstellung werden Frauen anders behandelt als Männer – das zieht sich dann das ganze Erwerbsleben durch. Zudem unterbrechen Frauen ihre Tätigkeiten wegen der Familienphase – und das kostet Gehalt, auch noch in späteren Lebensphasen. Auch gibt es noch immer – auch wenn die Grenzen verschwimmen – so genannte Frauen- und Männerberufe. Und die typischen Frauenberufe sind der Gesellschaft schlicht weniger wert, führen häufig in die Karriere-Sackgasse ohne Möglichkeit der weiteren beruflichen Qualifikation.

Emanzipation vonnöten

Anteil der Laueneinkommen an den Männereinkommen in Prozent

	1995	2003
Italien	92	94
Portugal	95	91
Belgien	88	88
Frankreich	87	88
Luxemburg	81	85
Schweden	85	84
Irland	83	83
Finnland	83	83
Griechenland	83	83
Dänemark	85	82
Spanien	87	82
Niederlande	77	82
Österreich	78	80
Großbritannien	74	78
Deutschland	79	77

Quelle: Gender Datenreport des BMFSJ

Frauen bevorzugen Fixgehalt, Männer Leistungsbezahlung

Vor die Wahl zwischen Fixgehalt und leistungsabhängiger Bezahlung gestellt, entscheiden sich Frauen weit häufiger als Männer für die feste Entlohnung, auch wenn sie ansonsten mehr verdienen könnten. Das zeigt eine Studie des Instituts zur Zukunft der Arbeit an der Universität Bonn.

Die Wissenschaftler hatten ein Laborexperiment konzipiert, an dem insgesamt 119 Männer und 121 Frauen teilnahmen. Sie sollten über einen Zeitraum von zehn Minuten Zahlenpaare miteinander multiplizieren. Zuvor konnten sie sich entscheiden, wie sie dafür entlohnt werden wollten: Entweder erhielten sie die feste Summe von 7 Euro oder sie ließen sich pro korrekt durchgeführte Multiplikation knapp 20 Cent ausbezahlen. Alternativ konnten sie auch in einer Art Turnier gegen einen zufällig bestimmten Gegner antreten. Wer die meisten Aufgaben löste, durfte sich über 20 Euro freuen; der Gegner ging leer aus.

„In unserem Experiment entschieden sich nur 44 Prozent aller Teilnehmerinnen für die leistungsabhängigen Bezahlungsvarianten, obwohl viele damit mehr hätten verdienen können", fasst der Bonner Ökonom Professor Dr. Armin Falk die Ergebnisse zusammen. „Bei den Männern lag dieser Anteil dagegen bei 68 Prozent." Die Ergebnisse korrespondieren mit den statistischen Daten des sozio-ökonomischen Panels, einer Umfrage, die das Deutsche Institut für Wirtschaftsforschung jährlich durchführt. Demnach arbeiten 33 Prozent aller Frauen im öffentlichen Sektor, einem Bereich, in dem in der Regel feste (und auch relativ niedrige) Gehälter gezahlt werden. Dagegen sind nur 21 Prozent aller Männer dort beschäftigt.

Karriereknick Kind

Die Mutterrolle ist oft ein Hindernis für den beruflichen Werdegang von Frauen. Unverheiratete Akademikerinnen bezahlen das Kinderkriegen mit sozialem Abstieg, verheiratete mit Karriereknick und Konsumverzicht. Zwar rücken immer mehr Frauen in Führungspositionen auf, aber Kinder sorgen noch immer häufig für Rückschläge beim beruflichen Fortkommen. Zu diesem Ergebnis kommt eine 2006 von der Bertelsmann-Stiftung in Kooperation mit dem Familienministerium herausgegebene Studie. Für die Untersuchung wurde der Karriereweg von 500 erfolgreichen Frauen analysiert.

Die Befragung hat die Europäische Akademie für Frauen in Politik und Wirtschaft (EAF) vorgenommen. Ein Großteil der

Frauen arbeitet Vollzeit. Zum Jammern waren sie offenbar nicht aufgelegt. Sie schilderten das Leben mit Kindern nicht nur als Belastung, sondern auch als Inspirationsquelle. 85 Prozent räumten ein, ohne einen Partner, der die Berufstätigkeit seiner Gefährtin akzeptiert und durch aktives Zupacken unterstützt, ginge es nicht. Die Frauen, so Helga Lukoschat von der EAF, wünschten sich ihren Arbeitgeber nicht „überfürsorglich". Genauso wenig solle aber das Mutterdasein gänzlich ignoriert werden. Müttern ein wenig bei der Gestaltung der Arbeitszeit, des Arbeitsortes (konzeptionelle Arbeiten können auch von zu Hause erledigt werden), aber natürlich auch durch innerbetriebliche Einrichtungen zu helfen, wäre willkommen. Die Vize-Vorstandsvorsitzende der Bertelsmann-Stiftung, Liz Mohn, sagte, in den engeren Führungsetagen der 30 Dax-notierten Unternehmen finde sich nur eine Frau. Länder wie Dänemark, Finnland und Schweden, aber auch Frankreich hätten inzwischen eine ganz andere Führungskultur entwickelt, von der Deutschland lernen müsse.
Die Schere klafft weit auseinander: Zusätzlich zu den Gehaltsunterschieden zwischen Frauen und Männern kommen mit Kindern weitere Einkommenseinbußen hinzu: Das Lebenseinkommen von Frauen mit Kindern liegt um bis zu einem Drittel unter dem der Männer mit Kindern bei gleicher Bildung. Dies liegt vor allem an den verringerten Erwerbszeiten sowie an den Erwerbsunterbrechungen in Phasen der Kinderbetreuung, ergab eine aktuelle Studie der Johann-Wolfgang-Goethe-Universität in Frankfurt und der Universität Hohenheim.

DIW-Studie: 25 Prozent der Akademikerinnen bleiben kinderlos

Der späte Abschluss der Universitätsausbildung ist der entscheidende Grund, wenn Akademikerinnen kinderlos bleiben. Doch ihre Zahl ist deutlich geringer als bislang angenommen. Das ist das Ergebnis einer Studie des Deutschen Instituts für Wirtschaftsforschung (DIW). Die Ergebnisse der Studie liegen seit Anfang 2005 vor, sie wurden 2006 vom DIW noch einmal differenzierter ausgewertet. Wieder zeigt sich, dass etwa 25 Prozent der Akademikerinnen kinderlos bleiben. „Unsere neuen Berechnungen haben abermals gezeigt, dass die Zahlen, die in der öffentlichen Debatte genannt werden, deutlich zu hoch sind. Wer behauptet, 38 Prozent oder gar 45 Prozent der Akademikerinnen in Deutschland blieben kinderlos, der gibt deutlich zu hohe Zahlen an", informiert Christian Schmitt, Wissenschaftler am DIW. Die Zahl kinderloser Akademikerinnen sei lange Zeit überschätzt worden, weil man Geburten nach Vollendung des 35. Lebensjahres nicht ausreichend gezählt habe. Außerdem seien im Mikrozensus jene Kinder, die das Elternhaus schon verlassen haben, nicht hinreichend berücksichtigt worden. Inzwischen blieben insgesamt mehr als 20 Prozent aller Frauen in Deutschland kinderlos.

„Gebärstreik" der Akademikerinnen

Bei Frauen aus den alten Bundesländern, die ein Universitätsexamen oder den Abschluss an einer Technischen Universität besitzen, liegt die Kinderlosigkeit deutlich über dem Durchschnitt. Schmitt warnt aber davor, von einem „Gebärstreik" der Akademikerinnen zu sprechen: „Egoismus und Karrierestreben sind nicht der Grund, sondern entscheidend ist der späte Abschluss der universitären Ausbildung." Nach dem Examen wollten die Akademikerinnen ihre Investitionen in die Ausbildung in eine „stabile Arbeitsmarktposition umsetzen". Vielen Frauen bleibe nur ein „Zeitfenster von wenigen Jahren", um das erste Kind auf die Welt zu bringen. Fehle in dieser Zeit ein Partner, dann blieben diese Akademikerinnen trotz Kinderwunsch kinderlos.

Problem Teilzeitarbeit

Die Frau als Zuverdienerin

In Deutschland gibt es weiterhin die traditionelle Arbeitsteilung: Während der Mann das Familieneinkommen sichert, gilt die Frau als Zuverdienerin. Eine Analyse des Institutes für Arbeitsmarkt- und Berufsforschung (IAB) der Bundesagentur für Arbeit kommt zu dem Ergebnis, dass zwar fast die Hälfte aller Beschäftigten weiblich, doch die Hälfte davon teilzeitbeschäftigt ist. Insgesamt steigt zwar der Anteil der erwerbstätigen Frauen, nicht aber ihre eigenständige soziale Absicherung: Dem deutlichen Zuwachs an Teilzeitjobs steht eine fast genauso große Abnahme an Vollzeitarbeitsplätzen gegenüber. Die Zahl der von Frauen geleisteten Arbeitsstunden hat also nicht zugenommen: Stattdessen teilen sich immer mehr Frauen den gleichen Kuchen. Dabei sind viele dicser Teilzeitstellen nicht existenzsichernd. Das wird besonders deutlich, wenn man sich bewusst macht, dass auch Mini-Jobs in die Statistik eingehen. Ungefähr zwei Drittel aller Mini-Jobber sind Frauen.

Innovationstreiber Frau

Dabei sind Frauen heute besser qualifiziert als früher. Nie zuvor haben so viele Frauen studiert, gearbeitet und so viel verdient wie heute. Frauen sind im Berufsleben erfolgreicher denn je – und das ist nicht allein einem freundlichen Entgegenkommen der Männer zu verdanken. Es ist im Gegenteil eine wirtschaftliche Notwendigkeit.

Volkswirtschaftlich ist die Verdrängung in nicht-sozialversicherungspflichtige Arbeitsverhältnisse ohne Aufstiegschancen ruinös. Damit wird die Abhängigkeit der Frau beziehungsweise der Familie vom Einkommen des Mannes zementiert. Im Fall des Verlustes des Ernährers stehen Frauen (und Kinder) dann vor dem finanziellen Nichts. Auch deshalb ist die Kinderarmut in Deutschland so viel höher als in anderen europäischen Ländern.

z.B

Die Frauen ökonomisch emanzipieren wollte bereits Silvio Gesell vor über 100 Jahren: Der 1862 geborene Gesell war Finanztheoretiker, Sozialreformer sowie Begründer der Freiwirtschaftslehre und propagierte eine Mutterrente. Damit wollte er Frauen von Männern wirtschaftlich unabhängig machen, damit sie den Vater ihrer Kinder nach seinem Charakter und nicht nach dessen Geldbeutel aussuchen können. Finanziert werden sollte dieses Grundeinkommen durch die Abschöpfung der Bodenrenten, also jener Einkommen, die an die privaten Eigentümer des Bodens fließen und bei Verpachtungen als leistungslose Erträge besonders deutlich hervortreten. Hinter dem Gesell'schen Vorschlag steckte die Idee, dass alle nicht vermehrbaren Güter wie Boden, Bodenschätze, Wasser und Luft allen Menschen zur gemeinsamen Nutzung geschenkt sind.

Wissenschaftler und Politiker sind sich darin einig, dass Wohlstand und Überleben der Sozialsysteme in hohem Maße von der Arbeitskraft der Frauen abhängen, von ihrer Entscheidung, einen Beruf auszuüben und eine Familie zu gründen. Frauen sind diejenigen mit den besseren Zeugnissen und Studienabschlüssen. In den jüngeren Altersgruppen haben Frauen durchschnittlich einen höheren Bildungsabschluss als die Männer. Frauen sind innovativ und übernehmen mehr und mehr und mit immer größerem Erfolg Führungspositionen – nicht nur als Kanzlerin.

Frauen als Antriebskraft der Wirtschaft

Frauen sind, wie die englische Wochenzeitung *Economist*, schreibt „die wichtigste Antriebskraft der globalen Wirtschaft". Ihre Fähigkeiten seien besonders in der Wissensgesellschaft gefragt. Doch in der deutschen Realität sind nur 59 Prozent der Frauen im Alter zwischen 15 und 64 Jahren erwerbstätig, in Schweden sind es hingegen 72 Prozent, in Dänemark 71 Prozent.

Alice Schwarzer, die mittlerweile in breiten Gesellschaftskreisen akzeptierte Frauenrechtlerin, sieht es als Problem an, dass Frauen immer die Möglichkeit hätten, statt zu arbeiten ins Private zu „flüchten". Nach ihrer Aussage könnten sich allerdings 95 Prozent aller jungen Frauen keine Zukunft mehr ohne Beruf vorstellen. Seit Anfang der 70er Jahre, dem Beginn der Frauenbewegung, seien die Frauen nicht aufzuhalten.

Frau überholt rechts: Sind Männer das schwächere Geschlecht der Zukunft?

Artikel in der *FAZ* von Christian Schwägerl, erschienen am 7. Juni 2006

Ein gigantisches Frauenbeförderungsprogramm steht bevor, weil auf dem Arbeitsmarkt der Zukunft die Frau als das stärkere Geschlecht dastehen wird. Das Jahr 2010 markiert den Zeitpunkt, zu dem in Deutschland ein Umbruch der demographischen und ökonomischen Verhältnisse anläuft, der tradierte Geschlechterfrontverläufe heillos verwirren wird. ... Den Arbeitsmarkt von morgen werden die Frauen beherrschen. Sie sind gebildet, flexibel und als Fachkräfte gefragt. Wo die Globalisierung zuschlägt, trifft es schon heute hauptsächlich die Männer. ... Frauen werden auf dem Arbeitsmarkt begehrt sein, weil sie in großer Zahl Bildung, Energie und Motivation frei Haus mitbringen. Seit Frauen sich an Schulen und Universitäten entfalten können, ist ihr Aufstieg phänomenal. Anfang der sechziger Jahre waren sechzig Prozent der Gymnasiasten Jungen und vierzig Prozent Mädchen. Heute haben sich die Verhältnisse beinahe umgekehrt. 2004 besuchten vierzig Prozent der siebzehn- bis achtzehnjährigen Mädchen die gymnasiale Oberstufe, aber nur dreißig Prozent der Jungen. ... Das Nürnberger Institut für Arbeitsmarkt- und Berufsforschung (IAB) rechnet damit, dass „junge Frauen künftig weiter aufholen, denn sie haben die Bildungsdefizite in den letzten

Den Arbeitsmarkt von morgen werden die Frauen beherrschen

Jahrzehnten nicht nur verringert, sondern die jungen Männer in weiten Bereichen der allgemeinen wie beruflichen Bildung bereits überholt". Der Frauenanteil an den Fachkräften werde „deutlich ansteigen". ... Der Umbruch wird am heftigsten die Frauen selbst treffen. Ihnen wird die Welt zu Füßen liegen.

Erste Risse in der Glasdecke

Die Finanzbranche selbst ist eine Männerdomäne. An die Spitze deutscher Finanzdienstleister schaffen es kaum Frauen, an der Wall Street dagegen sind die unsichtbaren Netzwerke der Männer aufgebrochen.

Michael Dieckmann, Vorstandschef der Allianz, hat die Brisanz des Themas erkannt. „Ich möchte nicht mehr in einer Männer-WG wohnen", sagte er auf der Allianz-Hauptversammlung im Mai 2006. Kein Einzelfall. Auch bei den anderen deutschen Finanzhäusern wie der Deutschen Bank, der Münchener Rück oder der Commerzbank sitzen ebenfalls keine Frauen am Vorstandstisch.

An der Wall Street, obwohl traditionell ebenfalls ein Männerclub, ist frau da etwas weiter. Einer Umfrage des Branchenverbandes SIA zufolge stellen Frauen immerhin 15 Prozent der Spitzenmanager bei Investmentbanken. Auch bei Tochtergesellschaften amerikanischer Banken in Deutschland machen Frauen Karriere. Amerikanische Unternehmen haben begriffen, dass es sinnvoll ist, eine vielfältige Führungsmannschaft zu haben, wenn man ein globales Geschäft aufbauen will. Dabei geht es nicht nur allein um das Geschäft, sondern auch um die Angst vor Klagen, die Banken auf Minderheiten und Frauen achten lässt. Der Hintergrund: In Amerika gibt es harte Antidiskriminierungsgesetze.

Auch hierzulande beginnen die Banken zu erkennen, dass sie gut ausgebildete Frauen nicht aus ihrem Talentreservoir ausschließen sollten. Und so stellen die Finanzdienstleister immer mehr junge

Hochschulabsolventinnen ein. Und das auch aus wirtschaftlichen Gründen. Denn Frauen sind zunehmend wichtig als Kunden.
Nach Zahlen des Bundesverbands Deutscher Banken arbeiteten zwar im Jahr 2004 schon 12.000 weibliche Führungskräfte in den privaten Banken – immerhin zwölf Mal mehr als 1980, aber in unteren Führungsebenen. Der Weg nach oben ist den Frauen oft durch unsichtbare Barrieren versperrt.

Frauen stoßen oft an die gläserne Decke

Arbeitspsychologen nennen das eine gläserne Decke. Männliche Seilschaften bilden dabei einen tragenden Pfeiler, kulturelle Wertvorstellungen einen anderen. Die Diskussion über „Rabenmütter", ein im internationalen Vergleich langer gesetzlicher Erziehungsurlaub von bis zu drei Jahren und schlechte Angebote für Kinderbetreuung behindern den Aufstieg in die Führungsetagen ebenso. Alles das führt dazu, dass nach einer Studie der Unternehmensberatung Accenture nur 16 Prozent der deutschen Frauen glauben, sie hätten gleiche Karrierechancen wie Männer.

Spröde Geldbeziehung

Historisch und sozial ist der Umgang von Frauen mit Geld noch immer nicht wirklich selbstverständlich. Eine Konsequenz jahrhundertelanger Männerdominanz in Wirtschaft und Gesellschaft. Bei Frauen gibt es deswegen teilweise immer noch das Gefühl, dass Geld nicht feminin und deswegen unangenehm sei.
Kein Wunder: 99 Prozent des Weltvermögens ist noch immer in der Hand von Männern. Sie setzen sich aktiver mit Geld und Finanzen auseinander. Geld hat bei Männern ein positives Image. Die Beziehung von Frauen zu Geld ist anders – sie ist immer noch kein Selbstverständnis für alle Generationen. Wie auch? Noch 1977 konnten Frauen nur mit Zustimmung ihres Ehemannes ein Konto eröffnen! Klingt wie eine Geschichte aus der Steinzeit der Finanzen. Doch auch das war Realität: Bis in die 70er Jahre des

20. Jahrhunderts konnte der Ehemann mit der Begründung, die berufliche Tätigkeit der Frau störe den häuslichen Frieden, die Arbeitsstelle der Frau kündigen.
Immerhin besitzen deutsche Frauen seit 1919 das aktive und passive Wahlrecht. Die Schweiz führte dies erst 1971 ein, im letzten Kanton sogar erst 1990. Und bis in die 50er Jahre regelte hierzulande nichts Geringeres als das Bürgerliche Gesetzbuch das Entscheidungsrecht in der Ehe: Natürlich hatte der Mann in allen das gemeinschaftliche eheliche Leben betreffenden Angelegenheiten das Sagen. Er bestimmte Wohnort und Wohnung. Die Frau durfte nur berufstätig werden, wenn der Göttergatte damit einverstanden war und wenn sie darüber ihre häuslichen Pflichten nicht vernachlässigte. Denn sie war verpflichtet „das gemeinsame Hauswesen zu leiten". Diese Doppelbelastung dürfte vielen Frauen auch heute bekannt vorkommen. Nur wenn der Mann nicht genug verdiente, dann *durfte* sie arbeiten, das heißt *musste* sie mitarbeiten. Und es war noch schlimmer: Auch das von der Frau in eine Ehe eingebrachte Vermögen gehörte nach dem geltenden Recht nicht ihr, sondern stand dem Mann zur Verwaltung und Nutznießung zu. Das Vermögen der Frau wurde durch die Eheschließung dem Ehemann unterworfen.

Geld ist nicht nur Männersache

In den letzten Jahrzehnten hat sich mittlerweile einiges verbessert und normalisiert, sodass jüngere Frauengenerationen mit neuem und gewachsenem Selbstverständnis auch die beschriebene Diskrepanz zum Thema Finanzen nicht mehr empfinden. Selbstbewusste Österreicherinnen: Laut einer von der Raiffeisenlandesbank NÖ-Wien AG in Auftrag gegebenen repräsentativen Befragung der Österreicherinnen über 14 Jahre verneinen 86 Prozent die Vorstellung, dass Männer besser mit Geld umgehen können. Professor Dr. Fritz Karmasin, Geschäftsführer des Österreichischen Gallup-Institutes: „Frauen sind nicht der Meinung, dass Männer besser mit Geld umgehen können. Jüngere Frauen unter 30 Jahren weisen diesen Gedanken zu 90 Prozent zurück, Frauen über 50 Jahre zu 83 Prozent."

Auf die Frage, wer in einem Haushalt Entscheidungen über die Geldanlage trifft, antworten über ein Drittel, genau 37 Prozent, der Frauen, dass sie diese Entscheidungen selbst treffen. Mit 59 Prozent gibt die Mehrheit der Befragten an, solche Entscheidungen gemeinsam mit ihrem Partner zu treffen. Nur 4 Prozent der Frauen sagen, dass der Partner die Entscheidungen über die Geldanlage trifft.

Wissenslücken beim Thema Finanzen

Für 94 Prozent der deutschen Frauen steht die finanzielle Unabhängigkeit ganz oben in der Lebensplanung, so das Ergebnis einer Untersuchung aus dem Jahr 2002. Doch den eigenen finanziellen Wünschen stehen noch erhebliche Wissenslücken beim Thema Finanzen entgegen, fand NFO Infratest in der im August 2003 von der Commerzbank in Auftrag gegebenen „Detailauswertung Frauen" zur Studie „Finanzielle Allgemeinbildung in Deutschland" heraus. Die repräsentative Untersuchung, die auf einer Befragung von über 1000 Bundesbürgern im Alter zwischen 18 und 64 Jahren basierte, ergab, dass nur 48 Prozent der befragten Frauen mindestens die Hälfte der Fragen richtig beantworten konnte. Vergleichsweise gut schnitten sie bei den Themen Einkommen und Zahlungsverkehr sowie Kredite ab, deutlicheren Nachholbedarf zeigten sie bei der privaten Vorsorge und der Geldanlage. Doch Finanz-Know-how ist keine reine Männersache: Frauen, die sich selbst um ihre Finanzangelegenheiten kümmern, liegen über dem Durchschnitt.

Dennoch beschäftigen sich rund drei Viertel der Frauen nicht gerne mit ihren privaten Finanzen. Zu diesem Ergebnis kommt die Detailanalyse zum „Finanzverhalten von Frauen“ der Sinus Sociovision-Studie „Die Psychologie des Geldes“. So gehen 23 Prozent der Männer, aber nur 14 Prozent der Frauen „souverän“ beziehungsweise „ambitioniert“ mit ihren privaten Finanzen um. Mitverantwortlich für die geringe Bereitschaft vieler Frauen, sich aktiv mit dem Thema Geld und Vermögensbildung zu beschäftigen, sei die Angst, bei der persönlichen Finanzplanung etwas falsch zu machen und Geld zu verlieren, erläutert der Psychologe Wolfgang Plöger vom Marktforschungsinstitut Sinus Sociovision, das im Auftrag der Commerzbank die Einstellungs- und Verhaltensmuster der Deutschen im Bereich der persönlichen Finanzen untersucht hat.

Frauen sind vorsichtiger beim Geldausgeben und bei der Geldanlage

Frauen beweisen nicht nur im Alltag, dass sie mit Geld gut umgehen können. Auch achten sie nach Erkenntnis der Studie stärker als Männer darauf, nicht über ihre Verhältnisse zu leben. Mehr noch: Dank ihrer eher vorsichtigen und realistischen Anlegermentalität, die zahlreiche Untersuchungen den Frauen bescheinigen, haben sie beispielsweise die Börsenbaisse Anfang des Jahrtausends besser überstanden als die männlichen Aktienbesitzer.

Prinzipiell ist festzuhalten: Viele Frauen sind beim Thema Geld weniger fordernd als die Männer. Nun ist es nicht richtig, das männliche Geschlecht immer zu imitieren. Doch Frauen bleiben ansonsten häufig eher auf der Strecke: beim Verwirklichen der eigenen Karriere, beim Aufstieg in eine höhere Position, bei Gehaltserhöhung oder dem angemessenen Honorar. Frauen haben nicht nur eine spröde Beziehung zum Geld – sondern auch zu ihrem eigenen (Geld-)Wert. Denn sie wissen, was sie tun, aber nicht, was sie wert sind.

Taschengeld für die Ehefrau

!

Verbrauchertipp am 12. März 2006 in der Frankfurter Allgemeinen Sonntagszeitung

Taschengeld vom Ernährer bekommen nicht nur Teenies, damit sie sich etwas leisten können. Der Ehepartner hat sogar einen Anspruch, wenn er sich zu Hause um Kinder, Küche und Wäsche kümmert. Selbst wenn die Frau – und das sind die meisten Fälle – arbeiten geht und weniger als ihr Mann verdient, sollte noch ein kleines Taschengeld drin sein.
Die obersten Richter im Bundesgerichtshof betrachten 5 bis 7 Prozent des Nettoeinkommens als angemessen. Bringt also der Mann 3.000 Euro im Monat nach Hause, müsste er seiner Haus-Frau mindestens 150 Euro zustecken – und zwar ohne zu meckern und ohne Bedingungen. Die Frau darf und soll mit dem Geld machen, was sie gerne möchte.

...

In einer guten Partnerschaft verständigen sich die Eheleute in Gelddingen. Doch oft gibt es Streit, der schwer zu schlichten ist. In der Praxis haben meistens die Frauen die schlechteren Karten. Oft werden sie absichtlich vom Mann ahnungslos gehalten. Sie wissen vielfach gar nicht, wie viel der Ernährer verdient, und können deshalb ihren „Anspruch auf Zahlung eines Taschengeldes“ gar nicht geltend machen.
Daran will nun die Politik zumindest formal etwas ändern. Der Ehegatte soll einen „Auskunftsanspruch“ erhalten. Das heißt, der Ernährer muss der Hausfrau belegen, wie viel er verdient.

Die Politiker aus dem Bundesrat verstehen dies als Signal für die Gleichstellung des Partners, der zu Hause arbeitet. Wohl wissend, dass alle schönen Ansprüche nichts nützen, wenn sie von den betroffenen Eheleuten nicht gelebt werden.

Die Beschäftigung mit Geld bringt Sicherheit

Expertin Christine Bortenlänger verrät, wie Frauen gute Finanzplaner werden.
Studien ergaben, dass Frauen ein sehr geschicktes Händchen im Umgang mit Geld haben. Warum kümmern sich dennoch viele ungern um Finanzen?
Christine Bortenlänger: Das liegt an der Erziehung. Als Kind haben wir erlebt, dass der Vater sich um Geld kümmert. Das wird dann in der eigenen Partnerschaft weiter gelebt. Das Thema Geld und Finanzen weckt bei vielen Frauen ein Unbehagen. Drehen Sie den Spieß doch einfach um! Die Beschäftigung mit Geld bringt Selbstbestimmtheit und Sicherheit.
Was machen Frauen anders als Männer?
Christine Bortenlänger: Sie gehen vorsichtiger mit Geld um, scheuen riskante Anlagen. Sicherheit ist wichtiger. Unterm Strich fahren sie damit oft besser.
Was raten Sie den Frauen?
Frauen sollten mehr über Geld sprechen und aktiver damit umgehen. Selbstbewusste Frauen mit positiver Einstellung zu Geld zeigen, dass Frauen ihre Finanzen durchaus erfolgreich in den Griff bekommen.
Wie erkennt man eine gute Beratung?
Christine Bortenlänger: Sprechen Sie mit mehreren Beratern, um Angebote zu vergleichen. Fragen Sie so lange, bis Sie alles verstehen. Erst unterschreiben, wenn Sie absolut sicher sind.
Christine Bortenlänger ist Geschäftsführerin der Börse München.

Elterngeld und Hilfe bei der Kinderbetreuung

Die Politik versucht, Anreize für Frauen zu setzen. So beschloss die große Koalition am 17. März 2006 das Gesetz zur steuerlichen Förderung von Wachstum und Beschäftigung. Kern des Gesetzes ist die erweiterte steuerliche Absetzbarkeit von Kinderbetreuungskosten. Eltern können danach zwei Drittel der tatsächlichen Kosten, jährlich bis zu 4.000 Euro, für Kinder bis zum Alter von 14 Jahren geltend machen. Diese Regelung gilt, wenn die Alleinerziehende oder beide Elternteile berufstätig sind. Familien mit nur einem Verdiener können nur die Kosten für Kinder zwischen dem dritten und sechsten Lebensjahr geltend machen.
Ein weiteres Instrument soll das Elterngeld werden. Von 2007 an können Eltern nach der Geburt eines Kindes bis zu 14 Monate Elterngeld in Anspruch nehmen. Dem Beschluss vom 2. Mai 2006 ging wochenlanger Streit in der Koalition voraus. Nun sollen Familien, in denen ein Verdiener zugunsten der Kinderbetreuung auf Einkommen verzichtet, zwölf Monate lang 67 Prozent des vorherigen Nettoeinkommens des Pausierenden erhalten, höchstens 1.800 Euro monatlich. Weitere zwei Monate werden als Bonus finanziert, wenn in dieser Zeit der andere Elternteil – wohl der Vater – zwei Monate im Beruf aussetzt und sich stattdessen ausschließlich um das Kind kümmert. Die Bezugszeit kann bei Halbierung der Leistungen verdoppelt werden. Das Mindestelterngeld für Arbeitslose, Hausfrauen oder Hausmänner soll 300 Euro betragen. Allerdings dürfen diese 300 Euro nicht mit Sozialleistungen wie dem Arbeitslosengeld II verrechnet werden. Alleinerziehende erhalten das Erziehungsgeld 14 Monate lang.
Als Berechnungsgrundlage dient – so wurde es am 14. Juni 2006 vom Bundeskabinett beschlossen – das durchschnittliche Einkommen der letzten zwölf Monate und nicht nur der letzten drei. Damit soll verhindert werden, dass durch kurzfristige Einstellungen mit hohen Gehältern das Elterngeld missbraucht wird.

Zudem wurde die Frist, innerhalb deren Väter ihre Auszeiten ankündigen müssen, um eine Woche auf nun sieben Wochen verkürzt. Damit sollen sie gegen Kündigungen geschützt werden, für die eine Frist von acht Wochen gilt. Das Familienministerium rechnet damit, dass rund 27 Prozent der Väter die Partnermonate in Anspruch nehmen. Bislang widmen sich nur 5 Prozent der Väter der Familie.

Ziel ist, die Babypause finanziell abzufedern und auch Väter zu ermutigen, sich – wenn auch nur für ausgesprochen kurze Zeit – dem Nachwuchs zu widmen.

Das Elterngeld wird anstelle des bisherigen Erziehungsgeldes gezahlt. Das Erziehungsgeld geht auf eine Idee der SPD zurück: Die deutsche Politik hofft auf ähnliche Konsequenzen wie in Schweden und Norwegen. Hier hat sich die Geburtenrate wegen des Elterngeldes erhöht. Das Elterngeld soll nach dem Gesetzesentwurf des Familienministeriums in 2007 3,5 Milliarden Euro, 2008 etwa 4,4 Milliarden Euro und 2009 rund 3,9 Milliarden Euro kosten. Für 2007 rechnet die Bundesregierung mit 620.000 Anträgen.

Wird das Elterngeld Deutschland mehr Kinder bescheren?

75 Prozent der Bundesbürger quer durch alle Einkommens- und Bildungsschichten hält das Elterngeld für geeignet, Deutschland zu mehr Kindern zu verhelfen. Das ist das Ergebnis einer Umfrage des Meinungsforschungsinstitutes Ipsos. Für noch vordringlicher halten die 1.000 Befragten allerdings den Ausbau der Ganztagsbetreuung in Krippen und Schulen (80 Prozent) sowie flexiblere Arbeitszeiten für Väter und Mütter (89 Prozent).

Anders sind die Ergebnisse des ARD-Deutschlandstrends. 65 Prozent bezweifeln, dass das Elterngeld einen finanziellen Anreiz setzen kann. Allerdings kommen die „Vätermonate“ gut an: 56 Prozent der Befragten stimmen der Idee zu. Bei Experten allerdings ist das Elterngeld als Transferleistung umstritten. Professor Dr. Michael Heise, Chefvolkswirt, Allianz Gruppe und Dresdner Bank AG, glaubt nicht, dass das Elterngeld zu auffallend mehr Kindern führen wird. Die spätere Betreuungsfrage sieht er als weitaus wichtiger an als den finanziellen Anfangsimpuls.

Als Malus kommt beim Elterngeld auf die Empfänger hinzu, dass diese Lohnersatzleistung bei der Berechnung des Gesamteinkommens beider Ehepartner in Rechnung gestellt und damit teilweise zur Steuer herangezogen wird. Es ist davon auszugehen, dass das Elterngeld 200 bis 300 Euro geringer ausfallen wird. Grund dafür: Das Elterngeld wird in der Steuererklärung dem Verdienst des Ehepartners zugerechnet. Zwar muss es nicht wie ein normales Gehalt versteuert werden, es sorgt aber dafür, dass das Einkommens des Partners mit einem höheren Durchschnittssteuersatz belastet wird.

Wer profitiert am meisten vom Elterngeld?

Dadurch reduziert sich das Elterngeld einer Frau, die zuvor 3.000 Euro im Monat verdient hatte und deren Mann 100.000 Euro Gehalt im Jahr bezieht, rechnerisch auf 1.525 Euro. Verdient der Mann 60.000 Euro, bleibt ein Elterngeld von 1.568 Euro, bei 30.000 Euro sind es 1.562 Euro. Besser sind Spitzenverdiener dran: Weil der Durchschnittssteuersatz in höheren Gehaltsregionen immer langsamer ansteigt, liegt das maximale Elterngeld eines Elternteils, bei dem der Partner 250.000 Euro verdient, bei 1662 Euro.

Zu den Verlierern beim Elterngeld gehören sozial schwache Familien, weil die Bezugsdauer des Elterngeldes kürzer ist als beim bisherigen Erziehungsgeld. Für diese entfallen die Fördermittel für ein Jahr. Deswegen soll bei kleinen Einkommen unter 1.000 Euro Nettoeinkommen die Ersatzrate von 67 auf 100 Prozent angehoben werden.

Einen weiteren Anreiz soll die neue Babyprämie bei der Riester-Rente setzen. Die im Rahmen der Riester-Rente vom Staat jährlich geleistete Kinderzulage soll für ab 2008 geborene Kinder auf 300 Euro angehoben werden. Damit soll die Riester-Rente besonders für junge Familien noch attraktiver werden (siehe dazu Kapitel 5).

Längeres Leben zu finanzieren

Wie alt sind Sie heute? 25? Dann haben Sie noch 62 Jahre zu leben und werden – rein statistisch gesehen – 76 Jahre alt.

Die Lebenserwartung steigt rasant

Ein Mädchen dagegen, das heute geboren wird, dürfte über 90 Jahre alt werden. Denn das belegen die neusten Berechnungen des Statistischen Bundesamtes, veröffentlicht im Frühjahr 2006: Die durchschnittliche Lebenserwartung für Mädchen, geboren im Jahr 2004, beträgt 90,4 Jahre. Die Jungen werden durchschnittlich 84,9 Jahre alt werden. Damit hat sich seit 1871 die Lebenserwartung mehr als verdoppelt. Damals lebten Frauen lediglich 42,1 Jahre, Männer hatten eine Lebenserwartung von 39,1 Jahren.

Voraussetzung für die Berechnungen ist nach Angaben des Statistischen Bundesamtes, dass keine Ereignisse wie beispielsweise Kriege und Umwelt- oder Wirtschaftskatastrophen auftreten. Bislang hatte das Statistische Bundesamt die durchschnittliche Lebenserwartung von Mädchen auf 81,5 Jahre und von Jungen auf 75,9 Jahre beziffert. Bei ihren neuen Berechnungen gehen die Statistiker davon aus, dass aufgrund des medizinischen Fortschritts und besserer Ernährung die Menschen in Deutschland später sterben als bisher angenommen.

Den 65. Geburtstag erleben der optimistischen Rechnung zufolge 96 Prozent der Mädchen und 92 Prozent der 2004 geborenen

Jungen. Das Alter von 85 Jahren erleben 80 Prozent der Frauen und rund 62 Prozent der Männer.
Das genetisch mögliche Alter der Menschen liegt nach Ansicht von Experten bei mehr als 100 Jahren. Im vergangenen Jahrhundert ist die Lebenserwartung der Menschen jedes Jahr um drei Monate gestiegen. Frühere Generationen konnten ihr genetisch mögliches Alter nicht erreichen, weil sie durch Infektionen, Pest oder Tuberkulose gestorben sind.

Neue Modellrechnung zur Lebenserwartung

Das Statistische Bundesamt erstellte eine neue Modellrechnung zur Schätzung der Lebenserwartung nach Geburtsjahrgängen. Diese enthält Generationensterbetafeln für die Geburtsjahrgänge 1871 bis 2004. Eine solche Generationensterbetafel zeigt, welche durchschnittliche Lebenserwartung ein heute neugeborenes Kind unter Berücksichtigung der möglichen künftigen Entwicklung der Sterblichkeit erreichen könnte. In die Berechnung der Generationensterbetafeln wurden zwei verschiedene Sterblichkeitstrends einbezogen. Ein langfristiger Sterblichkeitstrend (Variante 1) und eine Kombination aus dem langfristigen Sterblichkeitstrend und einem kurzfristigen Sterblichkeitstrend (Variante 2). Beide Trends gehen von einer sinkenden Sterblichkeit in der Zukunft aus, wobei die Variante 2 eine stärker sinkende Sterblichkeit unterstellt.
Eine Generationensterbetafel beschreibt die Lebenserwartung der Angehörigen eines Geburtsjahrgangs und unterscheidet sich damit von den Periodensterbetafeln, die das Statistische Bundesamt in regelmäßigen Abständen veröffentlicht. Periodensterbetafeln bilden die durchschnittliche Lebenserwartung der gesamten Bevölkerung während bestimmter Kalenderjahre ab, zuletzt für den Zeitraum 2002/2004. Sie beruhen auf der Zahl der Gestorbenen und der Bevölkerung in diesem Zeitraum und sind zur Beschreibung der gegenwärtigen Sterblichkeitsverhältnisse unverzichtbar. Im Gegensatz zu einer Generationensterbetafel werden hierbei

keine Veränderungen der Sterblichkeitsverhältnisse in der Zukunft berücksichtigt. Zum Vergleich: Die Lebenserwartung liegt bei Geburt in der Sterbetafel für den Zeitraum 2002/2004 (Jungen 75,9 Jahre; Mädchen 81,5 Jahre) je nach Trendvariante um rund 6 bis 9 Jahre niedriger als für den Geburtsjahrgang 2004.
Für Generationensterbetafeln werden die Sterbefälle eines Geburtsjahrgangs über die Zeit hinweg betrachtet. Sie sind als Modellrechnung anzusehen, weil Schätzungen zur Sterblichkeit der Geburtsjahrgänge notwendig sind, deren Angehörige noch leben. Bei älteren Geburtsjahrgängen müssen Datenlücken, Gebietsveränderungen und Wanderungsbewegungen berücksichtigt werden, die insbesondere in Deutschland durch die beiden Weltkriege verursacht wurden.

Lebenszeit wächst

So alt werden/wurden Menschen der Geburtsjahrgänge durchschnittlich

Vergleich der Lebenserwartung bei Geburt nach Jahrgängen [1)]

Jahrgang	Jungen		Mädchen	
	Trend-variante 1	Trend-variante 2	Trend-variante 1	Trend-variante 2
1871	39,1	39,1	42,1	42,1
1880	41,1	41,1	44,1	44,1
1890	43,7	43,7	47,8	47,8
1900	46,4	46,4	52,5	52,5
1910	52,1	52,1	58,8	58,8
1920	57,7	57,7	65,1	65,1
1930	64,2	64,3	72,1	72,3

Jahrgang	Jungen		Mädchen	
	Trend-variante 1	Trend-variante 2	Trend-variante 1	Trend-variante 2
1940	68,2	68,6	76,1	76,6
1950	71,1	72,0	78,4	79,3
1960	74,3	75,6	81,3	82,5
1970	76,6	78,3	83,3	84,9
1980	78,7	81,0	85,1	87,0
1990	80,2	82,9	86,5	88,7
2000	81,3	84,4	87,5	90,0
2004	81,7	84,9	87,8	90,4

1) Die Lebenserwartung nach Jahrgängen bezieht sich auf die Zivilbevölkerung im früheren Bundesgebiet.
Trendvariante 1: langfristiger Sterblichkeitstrend seit 1871.
Trendvariante 2: Kombination aus dem langfristigen Sterblichkeitstrend seit 1871 und dem kurzfristigen Sterblichkeitstrend seit 1970.

Quelle: Statistisches Bundesamt

Versicherer rechnen anders

Noch optimistischer als das Statistische Bundesamt sind die privaten Rentenversicherer. Diese rechnen im Gegensatz zum Statistischen Bundesamt mit einer deutlich höheren Lebenserwartung: mit 102,4 Jahren für Mädchen und 98,5 Jahren für neugeborene Jungen. Das liegt vor allem daran, dass die Versicherer deutlich mehr Gewicht auf den Trend der vergangenen zehn Jahre legen, in denen die Lebenserwartung noch deutlicher zulegte als im Trend seit 1970, heißt es beim Gesamtverband der Deutschen Versicherungswirtschaft (GDV). Außerdem hätten die Versicherungskunden eine höhere Lebenserwartung als die Gesamtbevölkerung, weil sie im Durchschnitt mehr verdienten und sich gesünder fühlten. Zudem müssten die Versicherer noch einen Sicherheitsaufschlag zur optimistischsten Rechnung addieren.

Warum sterben Männer früher?

Nahezu überall auf der Welt werden die Frauen älter als die Männer. Nur in Japan ist die Lebenserwartung der Geschlechter fast identisch. In Russland und Weißrussland sterben die Männer 13 Jahre vor den Frauen. In Deutschland leben Frauen im Schnitt 6 Jahre länger als Männer.

Dabei sind für die unterschiedliche Lebenserwartung nur in geringem Maß genetische Gründe verantwortlich. Männer setzen sich dagegen höheren Risiken aus, leben unvernünftiger und begehen viel öfter Selbstmord.

Lebensweise und Lebenserwartung

Fest steht, dass Männer durch ihren Alltag häufiger Unfälle erleiden, durch ihre Berufe mehr Gefahren begegnen. Das potenziert sich durch die ungesündere, sorglosere Lebensweise. Männer trinken mehr Alkohol, essen fettiger, rauchen mehr, gehen seltener zum Arzt und nutzen deutlich weniger die Angebote zur Vorsorgeuntersuchung.

Die sorglosere Lebensweise von Männern kostet sie eine Reihe von Lebensjahren. Das zeigt die so genannte Klosterstudie. Mönche und Nonnen – also Menschen, die in Sachen Alkohol, Rauchen, Stress, Ernährung, soziale Strukturen unter ähnlichen Umständen leben – erreichen fast das gleiche Alter. In Klöstern erreichen Mönche bis auf knapp zwei Jahre die gleiche Lebenserwartung wie die Nonnen. Sie leben praktisch unter identischen Bedingungen. Und das legt den Schluss nahe, dass es kaum genetische Gründe dafür gibt, wie alt Männer oder Frauen werden.

Einkommen und Lebenserwartung

Auch die Einkommenssituation wirkt sich auf die Gesundheit von Männern und Frauen aus. Das Robert-Koch-Institut ermittelte, dass 60-jährige Männer in den höchsten Einkommensschichten noch eine Lebenserwartung von rund 28 Jahren haben, Männer in den unteren Gehaltsschichten dagegen nur noch eine von 15 Jahren. Menschen mit einem höheren Einkommen tun mehr für ihre Gesundheit – von der Ernährung bis zur ärztlichen Versorgung.

Die Konsequenz daraus?

Frauen haben also bei einer durchschnittlichen Lebenserwartung von bis zu 90,4 Jahren noch rund 23 Jahre vor sich, wenn sie mit 67 Jahren in den Ruhestand gehen. Die Leserin, die heute 25 Jahre alt ist, hat statistisch gesehen zwei Jahrzehnte vor sich, wenn sie mit 67 in die wohlverdiente dritte Lebensphase eintritt.

Das Langlebigkeitsrisiko

Ein langes Leben ist ja nicht unbedingt schlecht, vor allem dann, wenn man gesundheitlich und geistig auf der Höhe ist.
Aber: Von der Versicherungsbranche wird uns das als Risiko ausgelegt. Die privaten Rentenversicherer nennen es das so genannte Langlebigkeitsrisiko, denn Frauen leben im Schnitt sechs Jahre länger als Männer. Und das bedeutet für uns: Wir werden mit höheren Beiträgen bestraft. Oder anders formuliert: Männer zahlen weniger monatlich ein, werden aber eventuell auch älter als statistisch errechnet.

Anekdote am Rande

Zum Jahreswechsel 2005/2006 wurde die Riester-Rente – auf Druck der Europäischen Union – auf Unisex-Tarife umgestellt. Zuvor mussten Frauen bei der privaten Altersvorsorge mit einer staatlich geförderten Riester-Rente mehr bezahlen. Das Argument dafür war: Da Frauen im Schnitt länger leben als Männer (und dementsprechend auch länger Rente beziehen), müssen sie für die gleiche Monatsrate bislang auch mehr Prämie bezahlen. Umgekehrt ausgedrückt: Bei gleicher Prämie fiel der monatliche Rentenanspruch für Frauen bis zu 15 Prozent niedriger aus als für männliche Versicherte. Doch seit Anfang 2006 ist damit Schluss! Seitdem gilt der Einheitspreis.

In der Presse stand damals zu lesen: Nun müssen Männer also bis zu 15 Prozent mehr für gleiche Leistung zahlen, subventionieren also teilweise die Riester-Rente der Frauen mit – es kommt eben auf den Standpunkt an.

Wie schon im ersten Kapitel festgestellt, verfügen Frauen nachweislich lebenslang über weniger Finanzvolumen – und haben trotz weniger Einkommen mehr Leben zu finanzieren. Wir Frauen müssen also in einer Phase, in der wir einen geringeren finanziellen Spielraum haben, für eine längere Lebenszeit vorsorgen. Das erhöht für uns die Dringlichkeit: Wir müssen für unsere eigene Altersvorsorge sorgen. Denn: Altersarmut ist – wie wir im nächsten Kapitel sehen werden – vor allem weiblich. Deswegen dürfen private Rücklagen nicht zu schnell aufgebraucht sein. Auf das soziale Auffangnetz des Staates angewiesen zu sein – und das dürfte in Zukunft wegen leerer Haushaltskassen immer löchriger werden – ist kein tragfähiges Lebenskonzept.

Denken Sie langfristig. Haben Sie alte Eltern/Großeltern, Vorfahren, also ein „Langlebigkeitsgen“ in der Familie, sollten Sie unbedingt von mehr als zwei Jahrzehnten dritter Lebensphase ausgehen.

Karriere plus Familie hält Frauen fit

Kind und Job unter einen Hut zu bekommen ist für Frauen schwierig. Wer sich auf den stressigen Mix einlässt, profitiert jedoch. Nicht nur finanziell und gesellschaftlich, auch gesundheitlich.

Forscher des University College London gingen in einer Langzeitstudie der Frage nach, ob zwischen Berufstätigkeit beziehungsweise dem sozialen Modell, das Frauen für ihr Leben wählen, und ihrem Gesundheitszustand ein Zusammenhang besteht. Ihr Fazit: Eine Mischung aus Karriere und Mutterschaft macht es. Die Doppelbelastung hält offenbar Immunsystem und Kreislauf auf Trab. Frauen, die lange Zeit „nur" als Hausfrau aktiv waren, hatten dagegen mit einer schlechteren Gesundheit zu kämpfen. Ebenso erging es alleinerziehenden Müttern und kinderlosen Frauen, die nur zeitweise angestellt waren. Wer nicht regelmäßig einem Beruf nachgegangen war, legte in mittlerem Alter deutlich mehr an Gewicht zu und neigte öfter zu Fettleibigkeit als die Beruf-und-Familie-Probandinnen. Die Doppelbelastung hielt den Angaben zufolge die Frauen mit Kind und Karriere fitter und schlanker. Frauen, die langfristig mehrere Rollen ausgefüllt haben, berichteten von einem guten Gesundheitszustand. Frauen macht das Kombinieren von Beruf und Familie im Verhältnis gesünder.

Für die britische Frauen-Studie „Life course social roles and women's health in mid-life: causation or selection?" werteten die Forscher des University College London die Daten von gut 2.500 britischen Frauen aus, die im Jahr 1946 geboren wurden. Im Alter von 26, 36, 43 und 53 Jahren wurden Beschäftigung, Rolle in der Familie sowie Übergewicht und Gesundheitszustand ermittelt. Die Ergebnisse wurden im Mai 2006 im „Journal of Epidemiology and Community Health" veröffentlicht.

Altersarmut ist weiblich

Risikogruppe Frauen

Altervorsorge ist gerade für Frauen besonders wichtig. Optimale Erwerbsbiografien für die Vorsorge sind lang, erfolgreich, zeigen weder Karrierebrüche, Auszeiten noch Arbeitslosigkeit und kennen keine Familienphase. Sie sind mit einem Wort: männlich. Frauen dagegen haben besonders große Versorgungslücken zu füllen. Dabei verdienen sie noch immer erheblich weniger als ihre männlichen Kollegen, arbeiten in Teilzeit oder gehen geringfügige Beschäftigungsverhältnisse ein. Und es gibt viele Frauen, die Berufstätigkeit als eine (vorübergehende) Episode in ihrem Leben betrachten. Männer ergreifen dagegen einen Beruf immer in dem Bewusstsein, dass sie diesen ein ganzes Leben lang bis zum Rentenalter ausüben werden. Dies ist sicherlich auch ein Grund für die Zielstrebigkeit, mit der Männer ihren beruflichen Aufstieg angehen. Das gilt allerdings nicht unbedingt für alle Frauen.
Die Folge: Niedrigere Löhne und Gehälter bringen weniger Rente. Frauen haben eine geringere Altersvorsorge – Armut im Alter ist weiblich. Ende 2004 bezogen nach Angaben des Verbands Deutscher Rentenversicherungsträger Männer in Westdeutschland eine durchschnittliche Nettorente von 988 Euro im Monat. Frauen mussten im Durchschnitt mit 467 Euro im Monat auskommen. Frauen bekommen demzufolge im Durchschnitt nur halb so viel Geld aus der gesetzlichen Rentenkasse wie Männer.

Frauen im Nachteil

Monatliche gesetzliche Rente in Euro

(Durchschnitt alte Bundesländer)

1992		2004	
Männer	897	Männer	992
Frauen	366	Frauen	466

Quelle: Bundesminister für Arbeit und Soziales

(Die geringen Zahlenunterschiede entstehen durch den Rückgriff der verschiedenen Statistiken auf unterschiedliche Zahlenreihen.)

Noch immer macht sich also die traditionelle Rollenaufteilung zwischen Frauen und Männern bei der gesetzlichen Rente bemerkbar. Frauen erwerben vor allem in den alten Bundesländern im Durchschnitt deutlich geringere Anwartschaften als Männer. So macht die Altersrente von Frauen in den alten Ländern durchschnittlich gerade einmal 467 Euro aus. Im Osten sind es aufgrund der oftmals längeren Erwerbsbiografien 665 Euro.
Im Vergleich zu den Männern hinken die Frauen in Ost und West deutlich hinterher: Deutsche Männer erhalten – egal ob in den neuen oder den alten Bundesländern – um 1.000 Euro.

Altersvorsorge: zwischen Einsicht und Realität

Das Institut für Demoskopie Allensbach hat im Auftrag des Gesamtverbandes der Deutschen Versicherungswirtschaft eine Umfrage zum Thema Altersvorsorge durchgeführt. Das Ergebnis: Noch nicht einmal die Hälfte aller 25- bis 49-Jährigen hat eine realistische Vorstellung davon, wie sie als Rentner finan-

ziell versorgt sein werden. Veröffentlicht wurden die Zahlen im Mai 2006. Für die Untersuchung wurden knapp 1.100 Personen im Alter zwischen 25 und 60 Jahren befragt.
Die Ergebnisse: 65 Prozent der Befragten sind der Meinung, dass man sich regelmäßig mit der eigenen Versorgungssituation im Alter befassen sollte. Eine Minderheit von 20 Prozent glaubt dagegen, dass eine einmalige gründliche Überlegung ausreicht.

Sollte man sich regelmäßig mit der eigenen Altersvorsorge beschäftigen?

- ❏ Unentschieden: 15 Prozent
- ❏ Einmal gründlich reicht: 20 Prozent
- ❏ Man sollte sich regelmäßig damit beschäftigen: 65 Prozent

Quelle: Allensbach/GDV 2006

Wie viel Rente steht Ihnen zu?

Die Gruppe der 25- bis 49-Jährigen hat offenbar nur eine geringe Vorstellung davon, wie viel Geld ihr im Alter zur Verfügung stehen wird. Nur 17 Prozent der 25- bis 39-Jährigen hatten schon einmal ausgerechnet, über wie viel Geld sie im Alter verfügen. Bei den 40- bis 49-Jährigen beträgt diese Quote 42 Prozent. Auch von vielen der 50- bis 60-Jährigen (57 Prozent) scheint diese Frage trotz der Einsicht, sich regelmäßig mit seiner Altersversorgung beschäftigen zu müssen, eher verdrängt zu werden.

Weniger Rente als angenommen

Böses Erwachen

Eine realistische Betrachtung der eigenen Situation ist wichtig. Dies belegt die Tatsache, dass mehr als die Hälfte (54 Prozent) derjenigen, die bereits Berechnungen angestellt haben, zu dem Ergebnis gekommen sind, dass ihnen im Alter weniger Geld zur Verfügung stehen wird, als bislang angenommen. Als Konsequenz wollen 13 Prozent später in Rente gehen als bisher geplant. 34 Prozent haben zusätzlich in ihre Altersversorgung investiert. Eine

Minderheit von 5 Prozent gab an, durch die Überprüfung positiv überrascht worden zu sein und über mehr Geld verfügen zu können, als ursprünglich angenommen.

Orientierung an Ausgabensituation

Trotz solcher Ergebnisse halten immerhin 42 Prozent aller Befragten ihre Versorgungssituation für ausreichend. 39 Prozent sind der Meinung, noch nicht genug für ihre Altersversorgung getan zu haben.
Die Frage, was bei einer Analyse der Versorgungssituation berücksichtigt werden müsste, wird sehr unterschiedlich beurteilt. Eine deutliche Mehrheit von 76 Prozent hält es für sinnvoll, sich an der voraussichtlichen Ausgabensituation als Rentner zu orientieren. Immerhin 53 Prozent (Mehrfachnennungen möglich) möchten in die Entscheidung aber auch mit einbezogen wissen, welche Wünsche man sich im Alter gerne erfüllen will.

Geringeres Einkommen, geringere Rente

Frauen sind damit bei der Rente noch mehr abgehängt als im Berufsalltag. „Der Einkommensabstand zwischen Frauen und Männern ist bei der Rentenhöhe größer als die Einkommensunterschiede während der Erwerbstätigkeit“, erklärt Professor Ursula Rust, Rechtswissenschaftlerin und Expertin für „Gender Studies“ an der Universität Bremen.
Und schlimmer noch: Viele haben nicht einmal eine vage Vorstellung davon, wie viel – oder besser formuliert: wie wenig – Geld ihnen im Alter zur Verfügung steht. Wie das Marktforschungsinstitut Psychonomics herausfand, werten gerade Frauen oft ihre Ansprüche an die gesetzliche Rentenversicherung falsch. So über-

schätzen zwei Drittel aller Frauen ihre Rentenansprüche sogar teilweise um mehr als die Hälfte. Angesichts ihrer voraussichtlichen Ansprüche aus der gesetzlichen Rentenversicherung muss jedoch gut ein Viertel aller Frauen mit einer Versorgungslücke von durchschnittlich 500 Euro im Monat rechnen. Kein Wunder: Arbeiten doch Männer im Schnitt 37 Jahre, Frauen aufgrund der Erziehungszeiten nur 26 Jahre. Der statistische Eckrentner mit 45 Jahren Berufstätigkeit, den der gesetzliche Rentenversicherer gerne für Rechenexempel heranzieht, kommt in der Realität selten vor und ist so gut wie nie weiblich. Deswegen sollten wir prinzipiell die gesetzliche Rentenversicherung nur noch als Grundsicherung ansehen. Meinhard Miegel vom Bonner Institut für Wirtschaft und Gesellschaft prognostiziert, dass in 25 Jahren jeder zweite Rentner kaum mehr als den heutigen Sozialhilfesatz als Rente haben wird. Lakonisch beschreibt dies der Rentenexperte Bernd Raffelhüschen: „Der Staat hat kein Rentenproblem mehr – die Bürger haben jetzt ein Vorsorgeproblem."

Der statistische Eckrentner

Sozialhilfe – die so genannte Stütze – heißt jetzt bürokratisch Arbeitslosengeld II. Da der Begriff aber immer noch weit verbreitet ist, wird er in diesem Buch auch verwendet.

Standard- oder Eckrentner
Statistische Erfindung. Dieser real nur selten existierende Rentner hat 45 Jahre lang Beiträge in die staatliche Rentenversicherung einbezahlt und immer genau ein Durchschnittsgehalt verdient. Der Standardrentner ist so gut wie nie weiblich. Die Zahl der Ruheständler, die so lange gearbeitet haben, lag 2004 bei rund 3,3 Prozent der knapp 15 Millionen Rentner in Deutschland. Deren Anzahl wird immer geringer, weil sich Ausbildungszeiten verlängert haben und Berufseinsteiger dadurch immer später in den Job starten.

Alt plus Frau gleich arm?

Und dass dies besonders Frauen trifft, die sich voll für ihre Familie einsetzen, zeigen die folgenden Zahlen. Von ihrem Ehepartner finanziell abhängige Hausfrauen ohne eigenes Einkommen sind, laut Studie des Deutschen Instituts für Altersvorsorge (DIA), besonders betroffen. Gerade einmal 34 Prozent (!) verfügen über einen gesetzlichen Rentenanspruch. Das ist ein Armutszeugnis für unsere Gesellschaft! Hausfrauen sind ohne eigenes Einkommen in finanzieller Hinsicht völlig vom Ehepartner abhängig. Und das bei den heutigen Scheidungsraten! Dabei geben über die Hälfte der verheirateten Frauen in der angesprochenen DIA-Studie an, dass sie befürchten, im Falle einer Trennung nicht genügend abgesichert zu sein. „Doch diese Einsicht lässt kaum Taten folgen“, kritisiert Bernd Katzenstein (DIA). „Die wenigsten haben für den Fall einer Trennung eine vertragliche Regelung im Hinblick auf ihre Altersvorsorge getroffen.“ Es scheint, als ob die große Mehrheit lieber auf finanzielle Unabhängigkeit und eine eigene Altersvorsorge verzichtet.

Elisabeth M. ist gerade 65 Jahre alt geworden. Nach ihrer Lehre hat sie bis zur Geburt ihres ersten Kindes gearbeitet. Da war sie 25 Jahre alt. Danach hat sie noch ein Jahr halbtags gearbeitet, bis das zweite geboren wurde. Bis dieses Kind 16 war, hat sie sich ausschließlich um Haushalt und Familie gekümmert. Dann stieg sie wieder in ihren Beruf ein und arbeitete bis vor Kurzem als Buchhalterin. Ihr Verdienst lag stets bei 70 Prozent des Durchschnittsverdienstes aller Versicherten in der gesetzlichen Rentenversicherung. Ihr heutiger Lebensstandard ist auf ihr letztes Nettogehalt von 997 Euro abgestellt. Ihre Altersrente beträgt aber nur 464 Euro.

Kein Wunder, dass drei von vier Frauen Altersarmut droht: Die Studie des Deutschen Instituts für Altersvorsorge kommt wei-

ter zu dem erschreckenden Ergebnis, dass drei Viertel der heute 30- bis 59-jährigen Frauen im Alter nicht das Einkommen haben werden, das ihren eigenen Wünschen entspricht.
Grund dafür: Frauen verdrängen laut der DIA-Studie den Gedanken an Alter und Altersvorsorge stärker als Männer. So hat sich jede zweite Frau bisher kaum mit dem Thema beschäftigt. Bernd Katzenstein (DIA) dazu: „Viele haben keine Lust dazu. Anderen macht das Thema Angst." Dass drei Viertel der Frauen im Alter in jedem Fall mit finanziellen Engpässen rechnen müssen, ist den Befragten bewusst, doch „die wenigsten ziehen daraus Konsequenzen".

Rente ab 67 trifft Frauen besonders hart

Die Erhöhung des Rentenalters auf 67 ist beschlossene Sache. Das Bundeskabinett hat sich am 1. Februar 2006 darauf verständigt, bereits bis 2029 das Rentenalter schrittweise von 65 auf 67 Jahre zu erhöhen. Im Koalitionsvertrag war als Zeitfenster noch 2035 anvisiert. Arbeitsminister Franz Müntefering hat die Beschleunigung forciert, um die Rentenkassen zu entlasten.
Geplant ist, im Zeitraum von 2012 bis 2029 die so genannte Regelaltersgrenze schrittweise um jeweils einen Monat pro Jahr anzuheben. Die Anhebung beginnt für die im Jahr 1947 Geborenen. Die Regelaltersgrenze beträgt für sie 65 Jahre und einen Monat. Dann erhöht sie sich für 1948 Geborene auf 65 Jahre und 2 Monate. Pro ansteigendes Geburtsjahr kommt dann immer ein Monat dazu. Für alle, die nach 1963 geborenen wurden, gilt dann eine Regelaltersgrenze von 67 Jahren, wenn eine Rente ohne Abschläge angestrebt wird. Für Menschen, die heute bereits 60 Jahre und älter sind, ändert sich an den Zugangsvoraussetzungen für die Altersrente nichts.
Weiterhin abschlagsfrei mit 65 Jahren in Rente gehen können Beitragszahler, die auf 45 Versicherungsjahre kommen. Erreicht man diese Anzahl Versicherungsjahre nicht, so wird für jedes

vorzeitige Jahr des Rentenbezugs ein Abschlag von 3,6 Prozent berechnet. Dies entspricht im Monat 0,3 Prozent.
Die Konsequenz daraus: Frauen mit einer „typisch weiblichen“ Erwerbs- und Lebensbiografie haben kaum eine Chance, auf diese 45 Jahre zu kommen. Das verdeutlicht, dass das gesamte Rentensystem grundsätzlich zu stark an den Erwerbsbiografien von Männern orientiert ist: Familienzeiten von Frauen verkürzen die Länge der Berufstätigkeit und verringern somit die Höhe der Bezüge. Die Erhöhung des Rentenalters verschärft die Gefahr der Altersarmut von Frauen zusätzlich. „Die allermeisten Frauen werden auch im Alter noch hinzuverdienen müssen, wenn sie nicht auf Sozialhilfe angewiesen sein wollen“, kritisierte die Bremer Juraprofessorin Ursula Rust.

Problem Teilzeit: deutlich niedrigere Renten

Es stimmt schon. Irgendwann muss die Familienarbeit getan und die Kinder müssen betreut werden. Da bietet sich für viele Mütter Teilzeitarbeit an. Sie ist eine beliebte Möglichkeit, Zeit für den Nachwuchs zu haben und dennoch im Beruf zu bleiben und damit den Anschluss nicht zu verlieren.
Heute weniger zu verdienen bedeutet aber auch, deutlich weniger in die gesetzliche Rentenversicherung einzuzahlen. Eine Analyse des Instituts für Arbeitsmarkt- und Berufsforschung (IAB) der Bundesagentur für Arbeit kommt zu dem Ergebnis, dass zwar fast die Hälfte aller Beschäftigten weiblich, doch die Hälfte davon teilzeitbeschäftigt ist.
Für Frauen birgt diese Form der Erwerbsgesellschaft auch Langzeitrisiken. Sie zahlen entweder keine oder niedrigere Beiträge in die Sozialversicherungssysteme ein, was sich kurzfristig in niedrigeren Sozialleistungen bei Arbeitsplatzverlust und im Alter in deutlich niedrigeren Renten niederschlägt. Teilzeitkräfte bekommen im Durchschnitt schlechtere Bewertungen als Vollzeitkräfte und schneiden infolgedessen auch bei Gehaltserhöhungen und

Beförderungen schlechter ab. Dass es auch anders geht, beweisen europäische Nachbarn. Glückliche Holländerinnen: In den Niederlanden ist jeder dritte Arbeitsplatz in Teilzeit. Und das Beste daran: Die Teilzeitarbeit ist völlig anders geregelt. Dort ist die soziale Sicherung vom Einkommen abgekoppelt.

Minijobs – Rentenversicherung umgehen?

Wer auf 400-Euro-Basis arbeitet, muss eigentlich nicht in die staatliche Rentenkasse zahlen. Dies empfinden viele Minijobber als Vorteil und nehmen die sozialversicherungsfreien Gelder gerne mit. Das Problem: So erzielen sie keine gesetzliche Rente.

Deswegen der Tipp: Verzichten Sie auf diese Versicherungsfreiheit und zahlen Sie den Mindestbetrag von nur 30 Euro ein (7,5 Prozent des Verdienstes, die andere Hälfte trägt der Arbeitgeber). Dadurch erhalten Sie eine (wenn auch geringe) Rente – und auch eigenständige Riester-Rente (wird erläutert in Kapitel 5).

Seit 1. Juli 2006 gelten höhere Pauschalabgaben für Minijobs. Für geringfügig Beschäftigte steigen die Rentenbeiträge von 12 auf 15 Prozent des Gehalts. Die Pauschalbeiträge zur gesetzlichen Krankenversicherung klettern von bisher 11 auf 13 Prozent.

Zusammen mit der unverändert vorgesehenen einheitlichen Pauschalsteuer von 2 Prozent ergibt sich für den Arbeitgeber somit eine um 5 Prozent höhere Abgabenbelastung von insgesamt 30 gegenüber bisher 25 Prozent. Die Pauschalbeiträge für geringfügig Beschäftigte im Privathaushalt von jeweils 5 Prozent des Arbeitsentgelts zur Kranken- und Rentenversicherung bleiben dagegen unverändert.

Die gesetzliche Rentenversicherung – ein Füllhorn mit großen Problemen

„Bei der Rente droht neue Milliardenlast", so schrieben im Mai 2006 die deutschen Zeitungen. Zwischen den Bundesministern für Finanzen, Peer Steinbrück, und Soziales, Franz Müntefering, drohe ein Streit über die Finanzierung der gesetzlichen Rentenversicherung. Da die Bundesregierung zugesichert hat, bis zum Ende der Legislaturperiode den Rentenbeitragssatz nicht über 19,9 Pro-zent hinaus zu erhöhen und außerdem die Renten bis 2009 nicht zu kürzen, könnte auf Peer Steinbrück ein Milliardenzuschlag für den Bundeszuschuss zukommen. Nach der jüngsten Berechnung der Rentenschätzer aus dem Frühjahr 2006 ist 2008 ein Fehlbetrag bei der Rentenversicherung von 2,5 Milliarden Euro zu erwarten. Peer Steinbrück müsste diesen Betrag in seinen Haushalt 2008 einstellen. Sollten die Beitragszahler das Minus ausgleichen, müsste der Beitragssatz auf 20,2 Prozent steigen. In der Frühjahrsprognose des Schätzerkreises heißt es, ein Anstieg auf 20 bis 20,2 Prozent sei „nicht auszuschließen".

Gesetzliche Rente als Teil des Sozialstaates

Deutschland verfügt über einen hoch entwickelten Sozialstaat. Dieses Sozialstaatsprinzip ist im Grundgesetz unveränderbar festgeschrieben (Artikel 20 Absatz 1, Artikel 28 Absatz 1). Sozialstaatlichkeit ist damit Verpflichtung für die Politik. Der Staat soll die Existenzgrundlagen seiner Bürgerinnen und Bürger sichern und für den Ausgleich zwischen den sozial Schwachen und den sozial Starken sorgen. Mit der Absicherung des Alters und der wichtigsten Lebensrisiken – wie Krankheit, Pflegebedürftigkeit, Arbeitslosigkeit – wird das Gebot der Sozialstaatlichkeit umgesetzt.

In der Geburtsstunde der Sozialversicherung hätte man sich unsere heutigen Probleme nicht vorstellen können: Die Kaiserliche Botschaft von Wilhelm I. vom 17. November 1881 ist die Geburtsurkunde der deutschen Sozialversicherung. Reichskanzler Otto von Bismarck schuf sie zur Beruhigung der aufgebrachten Arbeiterklasse. Deswegen wurden die Menschen gegen Krankheit, Unfall, Invalidität und materielle Not im Alter versichert.

Historie der Sozialversicherung

„Schon im Februar d.J. haben Wir Unsere Überzeugung aussprechen lassen, dass die Heilung der sozialen Schäden nicht ausschließlich im Wege der Repression sozialdemokratischer Ausschreitungen, sondern gleichmäßig auf dem der positiven Förderung des Wohles der Arbeiter zu suchen sein werden. Wir halten es für Unsere Kaiserliche Pflicht, dem Reichstage diese Aufgabe von Neuem ans Herz zu legen, und würden Wir mit umso größerer Befriedigung auf alle Erfolge, mit denen Gott unsere Regierung sichtlich gesegnet hat, zurückblicken, wenn es Uns gelänge, dereinst das Bewusstsein mitzunehmen, dem Vaterlande neue und dauernde Bürgschaften seines inneren Friedens und den Hilfsbedürftigen größere Sicherheit und Ergiebigkeit des Beistandes, auf den sie Anspruch haben, zu hinterlassen."

1883 kam dann das Gesetz zur Kranken-, 1884 die Unfallversicherung. 1889 startete die staatliche Altersversorgung mit dem Gesetz über die Alters- und Invaliditätssicherung. Jeder sollte mit einem Mindestbetrag für seine Altersvorsorge aufkommen. Und durch einen Arbeitgeberanteil und Staatszuschüsse wurde eine Grundversorgung garantiert. Eine Altersrente gab es ab 70 Jahren. 1911 wurden dann auch die Angestellten versicherungspflichtig.

Bis 1956 war unser Rentensystem so aufgebaut, dass die Versicherten auf einem persönlichen Rentenkonto Kapital ansparten – das so genannte Kapitaldeckungsverfahren. Mit der ersten Rentenreform 1957 stellten die Sozialpolitiker unter der Führung des damaligen Bundeskanzlers Konrad Adenauer auf das Umlageverfahren um, gerne auch Generationenvertrag genannt, um die Rentenempfänger am wirtschaftlichen Aufschwung zu beteiligen. Seitdem werden die Beitragszahlungen der Berufstätigen umgehend an die Rentner ausgezahlt. Im gesetzlichen Rentensystem fließen die Leistungen nur in eine Richtung: Jung fördert Alt. Jede Generation fördert nicht die eigene Altersvorsorge, sondern die der Eltern und Großeltern. Die Reform beruhte maßgeblich auf einer Studie des Kölner Wirtschaftswissenschaftlers Wilfried Schreiber, dessen Konzept allerdings nur unvollständig umgesetzt wurde. Schreiber hatte vorgesehen, die für den Fortbestand des Systems unabdingbare Förderung der Geburtenrate in das System einzubeziehen, unter anderem durch eine Kinderrente und eine Beitragsverdoppelung für Kinderlose.

Das Problem des gegenwärtigen Rentensystems ist vor allem das krisenanfällige Umlageverfahren, das durch vergleichsweise geringfügige konjunkturelle und demografische Schwankungen aus dem Gleichgewicht zu bringen ist. Um diese Schwäche zu mindern, wurde in der Rentengesetzgebung von 1957 die Bildung einer Liquiditäts- und Schwankungsreserve in Höhe von zwölf Monatsausgaben festgelegt. 1967 machte sich diese Regelung das erste Mal bezahlt, da die Beitragseinnahmen nur um 1,6 Prozent stiegen, während sich die Rentenausgaben um 12,9 Prozent erhöhten. 1969 wurde beschlossen, die Reserve von zwölf auf drei Monatsausgaben zu vermindern. Eine in diesem Wahljahr erforderliche und höchst unpopuläre Beitragserhöhung konnte damit in Grenzen gehalten werden. In den 70er Jahren dann verminderte der Bundestag die Schwankungsreserve auf eine Monatsausgabe. Heute, nach fast 50 Jahren „dynamischer Rente", hat die Reformruine gesetzliche Rentenversicherung eine Reserve, die den Namen nicht mehr verdient. Ihre Höhe: quasi null.

Andere Länder – gleiche Probleme

Die Briten sollen länger arbeiten, selbst für ihre Altersversorgung sparen und im Gegenzug auf lange Sicht eine staatliche Grundrente erhalten, die knapp dem jetzigen Rentenniveau entspricht. Das sieht die britische Regierung für eine grundlegende Rentenreform vor. So soll das Renteneintrittsalter stufenweise auf bis zu 68 Jahre im Jahr 2046 heraufgesetzt werden. Die britische Regierung stieß mit ihren Vorschlägen auf breite Zustimmung. Abgesehen von mäßiger Kritik der Arbeitgeber äußerte sich auch die Opposition positiv zu den Grundzügen der Reform.
Die staatlichen Rentenausgaben sollen nach Angaben der Regierung von derzeit 5,2 Prozent des Volkseinkommens auf 6,7 Prozent steigen. Ein Teil der zusätzlich anfallenden Ausgaben soll über das höhere Renteneintrittsalter finanziert werden. Doch vermuten Kritiker wie das Institute for Fiscal Studies, dass langfristig auch ein Steuerbeitrag zur Finanzierung der Reform geleistet werden muss.
Die Regierung will mit dem Plan verhindern, dass ein Großteil der Rentner langsam in die Armut gleitet, wie es bei Beibehaltung des jetzigen Systems unausweichlich wäre. Zudem wird der Kreis der Rentner und vor allem der Frauen größer, die auf eine gesicherte staatliche Grundrente zählen können. Die Absicherung der alten Bevölkerung ist damit besser gewährleistet als bisher.

Neuer Träger

90 Prozent aller Erwerbstätigen sind Mitglied der gesetzlichen Rentenversicherung. Wer ein festes Arbeitsverhältnis hat, ist pflichtversichert. Die meisten Bundesbürger werden also zu dieser Form der Geldanlage gezwungen. Zudem gibt es freiwillig Versicherte, wie beispielsweise Selbstständige. Viele Berufsgruppen haben eigene berufsständische Versorgungswerke, in denen sie

teilweise pflichtversichert sind, beispielsweise Ärzte, Zahnärzte, Architekten, Rechtsanwälte und Apotheker.
Träger der gesetzlichen Rentensicherung ist die Deutsche Rentenversicherung, europaweit der größte gesetzliche Rentenversicherer. Sie betreut mehr als 57 Millionen gesetzlich Rentenversicherte – fast drei Viertel der Menschen in der Bundesrepublik. Die Deutsche Rentenversicherung entstand 2005 aus der Fusion von 26 Rentenversicherungsträgern – das waren die bundesweit tätige Bundesversicherungsanstalt für Angestellte, 22 regionale Landesversicherungsanstalten und überregionale Sonderanstalten wie Bahnversicherungsanstalt, Seekasse und Bundesknappschaft.
Die Deutsche Rentenversicherung arbeitet nun unter einem gemeinsamen Namen. Davon versprechen sich Experten bis 2010 Einsparungen von bis zu 350 Millionen Euro im Jahr, einem Zehntel der Verwaltungskosten von rund 3,6 Milliarden Euro. So wird nun auch bei der Rentenversicherung zwischen Arbeitern und Angestellten nicht mehr unterschieden. Vielmehr soll für die Versicherten ein einheitlicher Arbeitnehmerbegriff gelten. Alle Träger haben eine paritätische Selbstverwaltung – gewählt von Versicherten und Arbeitgebern – und eine Geschäftsführung behalten.
Die Deutsche Rentenversicherung zahlt etwa 15 Millionen Altersrenten und knapp 1,9 Millionen Renten wegen Erwerbsminderung aus. Dazu kommen 5,5 Millionen Witwen-/Witwerrenten und knapp eine halbe Million Waisenrenten. Ausgezahlt hat sie im April 2006 fast 16,5 Milliarden Euro an Altersrenten, 1,6 Milliarden Euro wegen verminderter Erwerbsfähigkeit und 5,4 Milliarden Euro Renten wegen Todes – als Hinterbliebenenrenten. 2005 wurden rund 280 Milliarden Euro an Renten überwiesen. Die Einnahmen dafür kommen zu rund 75 Prozent aus Beiträgen der Arbeitnehmer und zu 25 Prozent aus Bundeszuschüssen, also aus den Steuergeldern der Steuerzahler. Also wiederum aus unserem Portemonnaie.

Ist die Rente noch sicher?

Unser System der gesetzlichen Rentensicherung ist im Umbruch. Die alten Grundsätze des Generationenvertrags müssen mit der Entwicklung der Altersstruktur, der sinkenden Geburtenrate und der steigenden Lebenserwartung sowie der stetig hohen Arbeitslosigkeit in Einklang gebracht werden. Denn diese gefährden das Rentensystem. Das funktioniert nur, wenn viele, die Arbeit haben, für nicht ganz so viele Rentner die Einkommen erwirtschaften. Wenn zu wenige Arbeitende zu viele Rentner versorgen müssen, muss entweder die Rente sehr niedrig ausfallen oder die Abgabenlast ist zu hoch im Verhältnis zum Gesamteinkommen.

Zu viele Alte, zu wenig Junge

Das Rentensystem wird also durch ein ungünstiges Verhältnis von Jung zu Alt geschwächt. Diese Entwicklung hat verschiedene Gründe: Die Menschen werden älter als früher und es werden weniger Kinder geboren. Das Verhältnis zwischen berufstätigen Beitragszahlern und Rentenempfängern verändert sich dramatisch. Durch verbesserte Lebensbedingungen und bessere medizinische Versorgung werden immer mehr Rentnerinnen immer älter, beziehen also deutlich länger Rente. Andererseits sinkt die erwerbstätige Bevölkerung durch abnehmende Geburtenzahlen. Heute finanzieren zwei Erwerbstätige mit ihren monatlichen Beiträgen einen Rentenempfänger. Im Jahre 2035 wird das Verhältnis eins zu eins sein. Das heißt, wir müssen damit rechnen, dass entweder die Rentenbeiträge deutlich erhöht werden oder die gesetzliche Rentenleistung später reduziert wird. Zusätzlich belastend ist, dass die Jungen noch nicht einmal so in die Rentenkasse einzahlen können, wie sie es gerne möchten: Die hohe Arbeitslosigkeit ist Gift für die Leistungsfähigkeit des Rentensystems. Zudem haben einige politische Entwicklungen das Rentensystem geschwächt. So ist durch die Zuwanderung von Spätaussiedlern die Zahl von Leistungsempfängern im Rentensystem zusätzlich angewachsen. Ein weiterer Punkt: Nach der Wiedervereinigung wurde die Altersversorgung der neuen Bundesländer auf die Rentenversicherung der alten Bundesländer übertragen. Auch dadurch kam ein beträchtlicher Teil an neuen Leistungsempfängern hinzu. Unser Rentensystem wird sich in den kommenden Jahrzehnten deutlich verschlechtern und davon wird niemand unberührt bleiben.

Gesetzliche Rente = Minimalversorgung

Die gesetzliche Rentenversicherung wird häufig als erste Säule der Altersvorsorge bezeichnet. Dabei ist es schon einige Zeit her, dass der damalige Bundesarbeitsminister Norbert Blüm (CDU) 1986 die Plakataktion „... denn eins ist sicher: Die Rente" startete. Sicher ist dabei aber nur, dass jeder Beitragszahler einen verfassungsrechtlich geschützten Rentenanspruch hat. Leider wird über die Höhe der Rente keine Aussage gemacht. Aber so viel ist wirklich sicher: Langfristig wird die gesetzliche Rente nur noch eine Minimalversorgung bieten können.

Rentenreform 2003/2004: Das Wichtigste in Kürze

Der Entwurf des Bundeskabinetts führte als Reaktion auf die demografischen Entwicklungen einen Nachhaltigkeitsfaktor in die Rentenformel ein. Dadurch soll die Zahl von Rentnern und Beitragszahlern zueinander in Beziehung gesetzt werden. Die jährliche Rentenanpassung wird dadurch gedrosselt.
Außerdem stoppt die Bundesregierung den anhaltenden Trend zur Frühverrentung. Nun kann man erst mit 63 Jahren ohne Abschläge in Rente gehen.
Weiter wurden Schul-, Fachschul- und Hochschulausbildung nach Vollendung des 17. Lebensjahrs bei der Ermittlung der Rentenhöhe nicht mehr angerechnet. Zuvor bekam jeder Arbeitnehmer für seine Ausbildungszeit pauschal drei Beitragsjahre angerechnet, was etwa 78 Euro Rente ausmachte.

Nachgelagerte Besteuerung von Alterseinkünften
Rentenbeiträge sind seit 2005 steuerfrei. Im Gegenzug werden die Altersrenten besteuert. Mit dieser Neuregelung wird eine Entscheidung des Bundesverfassungsgerichts umgesetzt, dass die ungleiche Besteuerung von Beamtenpensionen und gesetz-

lichen Renten gerügt hatte. Nun wird die nachgelagerte Besteuerung ab 2005 bis 2040 schrittweise eingeführt.
Das bedeutet: Beiträge für die Rente werden schrittweise nicht mehr vorgelagert, sondern nachgelagert bei der eigentlichen Rentenauszahlung versteuert. So wird ab 2005 die Hälfte der Rente besteuert. Das gilt für Bestands- und für Neurenten. Bei späteren Rentenneuzugängen steigt der steuerpflichtige Anteil bis ins Jahr 2020 jährlich um 2 Prozent, hat dann 80 Prozent erreicht, und 2020 bis 2040 um nur 1 Prozent. Wer später als 2040 in Rente geht, muss die gesetzliche Rente voll zu 100 Prozent versteuern.
Allerdings gibt es einen Grundfreibetrag in Höhe von derzeit 7.664 Euro pro Person und Jahr. Außerdem können bestimmte Ausgaben wie Kranken- und Pflegeversicherungsbeiträge und andere Sonderausgaben von den Einnahmen abgezogen werden.

Hintergrund: vor- und nachgelagerte Besteuerung
Entscheidend für die steuerliche Behandlung aller Renten – also gesetzlicher, privater und betrieblicher Renten – ist seit 2005 grundsätzlich die Finanzierung. Wichtig ist, ob Beitragszahlungen für die Altersvorsorge, gezahlt vom Arbeitnehmer oder vom Arbeitgeber, bereits versteuert sind – oder nicht. Wenn schon Steuern auf die gezahlten Gelder bezahlt wurden, sind die daraus resultierenden Rentenzahlungen steuerlich begünstigt. Hier spricht man von vorgelagerter Besteuerung. Sie unterliegen allerdings noch der Besteuerung auf den Ertragsanteil. Das war die bis 2004 übliche Vorgehensweise, bei der man die schon versteuerten Einkommen für die Altersvorsorge einsetzte. Wurden die Beiträge in der Erwerbsphase noch nicht versteuert, unterliegen sie in der Rentenphase voll der Einkommensteuer. Das ist die nachgelagerte Besteuerung.

Beispiel private Rentenversicherung: Der Arbeitnehmer leistet die Beiträge aus seinem Nettoeinkommen, also nach Abzug der

Lohnsteuer. Die Finanzierung erfolgt somit aus versteuertem Einkommen. Die spätere Rentenzahlung ist nur teilweise steuerpflichtig, und zwar mit dem Ertragsanteil. Das ist dann eine vorgelagerte Besteuerung. (Erläuterungen zur privaten Rentenversicherung finden Sie in Kapitel 5.)

Beispiel Unterstützungskasse (einer der so genannten Durchführungswege der betrieblichen Vorsorge): Die vom Arbeitgeber geleisteten Beiträge mussten vom Arbeitnehmer nicht versteuert werden. Die spätere Rentenzahlung ist daher in vollem Umfang steuerpflichtig. Dies ist ein Beispiel für die nachgelagerte Besteuerung von Renten. (Erläuterungen zur betrieblichen Altersvorsorge finden Sie in Kapitel 5.)
Bei der nachgelagerten Besteuerung sind also zunächst keine Steuern auf die betreffenden Einkommensteile zu zahlen. Die Steuern kommen dann nachgelagert, also bei der Auszahlung der Rente. Die Anleger müssen die spätere Rente im Ruhestand versteuern. Der Vorteil der nachgelagerten Besteuerung: In den meisten Fällen zahlt man in der Rentenphase weitaus geringere Steuersätze als in der Erwerbsphase, weil das Einkommen dann in der Regel niedriger ist. Eines ist dabei aber sicher: Der Einzelne, ob als Arbeitnehmer oder als Rentner, wird nur einmal zur Kasse gebeten.
Seit 2005 gilt die Besteuerung der Rente. Damals mussten die Renten mit 50 Prozent versteuert werden, in 2006 sind es 52 Prozent. Der Prozentsatz steigt bis zum Jahr 2020 jeweils um 2 Prozent, in den Jahren 2021 bis 2040 jeweils um 1 Prozent, sodass ab dem Jahr 2040 die volle Versteuerung der Rente erfolgt. Dabei ist der bei Renteneintritt geltende Prozentsatz jeweils für die gesamte Rentenzeit verbindlich
Das bedeutet: Alle Leser, die im Jahr 2006 jünger als 33 Jahre sind, werden 100 Prozent ihrer Rente versteuern müssen.

Das wissen auch die Politiker, die uns lange genug an der Nase herumgeführt haben. Mit kernigen Sprüchen wie „Rente bleibt Kernstück der Altersvorsorge“ versuchen sie, der Angelegenheit wenigstens noch etwas Positives abzugewinnen. Doch bei der Rentendebatte im März 2006 im Bundestag betonten sowohl Regierung als auch Opposition die Notwendigkeit zusätzlichen Sparens. Die Rentenexperten von Koalition und Opposition fordern die Deutschen explizit zur privaten Altersvorsorge auf. Künftig müsse die gesetzliche Rentenversicherung um zusätzliche private Vorsorge ergänzt werden. Dazu gehörten insbesondere die betriebliche Altersvorsorge und die Riester-Rente. Beide Instrumente würden deutlich zunehmend genutzt, doch müsse es selbstverständlich werden, dass die Menschen schon in jungen Jahren auch privat für ihre Alterssicherung vorsorgten. Was sie nicht sagen: Die „Gnade der späten Geburt“, die vom früheren Bundeskanzler Helmut Kohl gerne beschrieben wurde, wird so zum „Fluch der späten Geburt“. Wer heute jünger als 45 Jahre ist, kann aus der gesetzlichen Rentenversicherung nur noch eine Basisversicherung erwarten.

Renditen fallen stark, bleiben aber positiv

Die gesetzliche Rente ist sicher. Sie ist so sicher, dass sogar ein weit in der Zukunft liegender Anspruch auf Rente gepfändet werden kann. Das entschied der Bundesgerichtshof in einem Urteil (Az. IX ZB 85/02). Die Beschreibung „sicher“ sagt aber nicht aus über die Höhe der zu erwartenden gesetzlichen Renten. Deswegen hat die Zeitschrift *Finanztest* der Stiftung Warentest nachgerechnet. Das Ergebnis: Die gesetzlich Rentenversicherten bekommen auch künftig mehr gesetzliche Rente, als sie an Beiträgen eingezahlt haben. Zwar fallen die Renditen der Renten, doch sie bleiben positiv.

Rendite: Angabe des jährlichen Ertrags in Relation zum investierten Kapital.

Allerdings hat *Finanztest* nicht errechnet, was für die überwiegende Zahl der Versicherten – und für die meisten Frauen – wichtig wäre: weniger als 40 Beitragsjahre eingezahlt zu haben. Trotzdem sind die Hinweise wichtig, denn angesichts des sinkenden Rentenniveaus machen sich viele Menschen Sorgen, ob sie ihre Beiträge überhaupt noch in Form von Rente zurückbekommen. Zu bedenken ist bei der gesetzlichen Rentenversicherung zudem, dass sie kein gewöhnliches Ansparinstrument zur Auszahlung von Renten ist. Denn schließlich profitieren die Versicherten auch von zusätzlichen Leistungen wie Hinterbliebenenabsicherung, Erwerbsminderungsschutz und Rehabilitationsleistungen – und wem dies in einer schwierigen Lebenssituation helfen wird, das ist nicht vorauszusehen.
Doch die Renditen der gezahlten Beiträge sollen nach derzeitigem Rentenrecht voraussichtlich positiv bleiben – für alle zukünftigen Rentner, die bis 2070 in die dritte Lebensphase starten. Zwar sinkt das Rentenniveau dauerhaft. Wie stark die Beiträge aber tatsächlich steigen werden und wie hoch die Rente sein wird, hängt nicht allein von der Bevölkerungsentwicklung, sondern entscheidend von der wirtschaftlichen Entwicklung ab. Denn wenn Wirtschaftskonjunktur und damit Löhne und Gehälter steigen, können auch die Rentner mit mehr Geld rechnen. Stagnieren die Löhne, gibt es keine Rentenerhöhungen.

Frauen im Vorteil – leider nur statistisch gesehen

Finanztest hat es ausgerechnet: Wer 40 oder 45 Jahre lang Beiträge in die gesetzliche Rentenversicherung eingezahlt hat, bekommt auf jeden Fall mehr heraus, als er eingezahlt hat. Und das gilt für verschiedene Generationen. Betrachten wir die Zahlen bei 40 Beitragsjahren: 1940 geborene Frauen erzielen eine Rendite von 3,5 Prozent. Traumhaft für die folgenden Jahrgänge. Denn kontinuierlich nehmen die Renditen ab. Heute 41-jährige Frauen können nach 40 Jahren Arbeit nur noch mit 1,7 Prozent rechnen. *Finanztest* verrät aber nicht, wie die Renditen aussehen, wenn frau weniger Beitragsjahre nachweisen kann – wie das Gros der deutschen Frauen. Und an Prognosen für die nach 1965 Geborenen wagte man sich erst gar nicht heran.
Zur Erläuterung: Weil Frauen im Durchschnitt länger leben als Männer, bekommen sie auch länger Rente. Deshalb ist ihre Rendite höher.

Renditen der gesetzlichen Rentenversicherung

Auf den gesamten Rentenbeitrag (Arbeitnehmer- und Arbeitgeberanteil) werden die folgenden Renditen erreicht. Eine Frau, die 2005 in Rente ging, kommt noch auf eine Rendite von 3,5 Prozent. Spätere Jahrgänge können davon nur träumen.

Jahrgang	Rendite (Prozent)	
40 Beitragsjahre	Frau	Mann
1940	3,5	2,9
1945	2,9	2,2
1955	2,1	1,5
1965	1,7	1,0

Jahrgang	Rendite (Prozent)	
45 Beitragsjahre	Frau	Mann
1940	3,7	3,2
1945	3,1	2,5
1955	2,2	1,6
1965	1,9	1,3

Die Berechnungen gelten bei Pflichtversicherten für den gesamten Beitrag (Arbeitnehmer- und Arbeitgeberanteil) und nur für die alten Bundesländer. Sie gelten für durchschnittlich verdienende Selbstständige sowie freiwillig Versicherte, die einkommensbezogene Beiträge zahlen.

Weitere Information: Bei verheirateten Männern ist die Verzinsung der Beiträge in etwa so hoch wie die Rendite bei Frauen, wenn sich nach ihrem Tod eine Hinterbliebenenrente für die Witwe anschließt.

Quelle: Finanztest

So rechnete *Finanztest*: Die Versicherten verdienten in ihrem Arbeitsleben durchschnittlich. 2006 sind es laut Rentenversicherungsbericht der Bundesregierung 29.529 Euro. Bis 2009 soll sich der Durchschnittsverdienst laut Rentenversicherungsbericht auf 30.878 Euro erhöhen. Für die Zelt danach geht man von einer jährlichen Steigerung um 1,5 Prozent aus. Der Beitragssatz erhöht sich 2007 von jetzt 19,5 Prozent auf 19,9 Prozent und steigt nach den Plänen der Bundesregierung bis 2020 nicht über 20 Prozent. Ab 2021 rechnen wir mit einem Beitragssatz von 21 Prozent. Bis 2009 gibt es voraussichtlich keine Rentenerhöhung. Von 2010 bis 2016 rechnen wir mit einer Steigerung der Renten um 0,5 Prozent pro Jahr, ab 2017 um 1 Prozent pro Jahr. *Finanztest* rechnet mit den Annahmen des Statistischen Bundesamtes laut Sterbetafel 2002/04: Danach bekommt ein Mann des Jahrgangs 1940, der 2005 mit 65 Jahren in den Ruhestand gegangen ist, im Durchschnitt 16,3

Jahre lang Rente. Bei einer Frau des Jahrgangs 1940 sind es 19,8 Jahre. Ein Mann des Jahrgangs 1965, der mit 65 in den Ruhestand geht, bekommt seine Altersrente im Durchschnitt 18,2 Jahre lang. Bei einer gleichaltrigen Frau sind es 22,2 Jahre. Die Renditen sind berechnet für ledige Männer und Frauen. Eine mögliche Hinterbliebenenrente wurde nicht berücksichtigt. Ab 2012 soll das Rentenalter für alle, die nicht 45 Jahre Beitrag gezahlt haben, schrittweise auf 67 Jahre angehoben werden. Wer früher gehen will, muss einen Abschlag von 0,3 Prozent pro vorgezogenen Monat in Kauf nehmen. Bei den Berechnungen für Versicherte mit 40 Beitragsjahren ist dieser Abschlag berücksichtigt.

Inflation schmälert Rente

Bei der Geldanlage darf man einen Faktor nicht vergessen: die Inflation. Zwar wird bei den Renditen von Vorsorgeprodukten nie die Inflation angegeben, doch faktisch kann sich ein vorhandenes Vermögen halbieren.
Im Sommer 2005 veröffentlichte das Deutsche Institut für Altersvorsorge (DIA) eine Studie zu den Renditen der gesetzlichen Rente, die das Institut für Wirtschaft und Gesellschaft (IWG BONN) durchgeführt hatte. Fazit: Die Renditen tendieren gegen null. Besonders für Jüngere ist die Staatsrente ein schlechtes Geschäft. Anders als andere Studien ging man von eher zurückhaltenden gesamtwirtschaftlichen Erwartungen aus und rechnete die Inflation mit ein. Danach werden ledige Männer der Geburtsjahrgänge ab 1980 bei der gesetzlichen Rente mit hoher Wahrscheinlichkeit reale Verluste erleiden.
Die optimistischen Annahmen anderer Studien wurden deshalb in der DIA-Untersuchung um ein mittleres (realistisches) und un-

Renditen werden geringer oder sogar negativ

teres Szenario (Fortsetzung der Tendenzen der letzten zehn Jahre) ergänzt. Selbst im mittleren Szenario müssen (ledige) Männer ab dem Geburtsjahrgang 2000 mit realen Verlusten rechnen. In der oberen Entwicklungsvariante gehen die realen Renditen der Frauen von heute 2,4 Prozent (für den Geburtsjahrgang 1940) bis zum Geburtsjahrgang 2040 auf etwa 1,1 Prozent zurück, die der Männer von heute 1,6 Prozent auf 0,5 Prozent. Im ungünstigsten Fall erreichen die 2040 geborenen Frauen nur noch reale Renditen von 0,5 Prozent, während Männer der Jahrgänge ab 1980 negative Renditen von bis zu minus 0,2 Prozent hinnehmen müssen. Das heißt: Sie erhalten nicht einmal den vollen Kaufkraftwert ihrer Beiträge als Rente zurück. Wie die übrigen Untersuchungen legt auch das IWG BONN aus Gründen der Vergleichbarkeit ihren Berechnungen den Standardrentner zugrunde.

DIA-Sprecher Bernd Katzenstein weiter: „Die gesetzliche Rentenversicherung hat als System solidarischen Ausgleichs gewiss eine Funktion. Als finanzielle Anlageform ist und bleibt sie jedoch ohne Reiz.“ Jüngere Jahrgänge müssen sich in jedem Fall auf sinkende Renditen einstellen, was sich unter ungünstigen gesamtwirtschaftlichen Annahmen sogar noch weiter verschärfen wird. „Wer weiterhin relativ hohe Renditeerwartungen für die gesetzliche Rentenversicherung hegt, unterschätzt seine künftige Versorgungslücke und seinen Sparbedarf in der Erwerbsphase,“ so Bernd Katzenstein.

Ein echter Feind der meisten Vermögen ist die Inflation, die schleichende Geldentwertung. Denn Geld verliert wegen der Preissteigerungen über die Jahre an Kaufkraft – mal stärker, mal weniger stark. Ausgedrückt wird dieser Effekt durch die Inflationsrate.

Beispiel: Nach 30 Jahren entsteht bei einer jährlichen Inflationsrate von 2 Prozent ein realer Wertverlust der ursprünglich ersten Einzahlung von 45 Prozent. Bei einer Inflationsrate von 3 Prozent sind dies fast 60 Prozent. Oder: Eine Inflationsrate von 4 bis 5 Prozent pro Jahr führt in nur sechs Jahren zu einem Geldwertschwund von rund einem Viertel. In zwölf Jahren ist, bei Zugrundelegung der gleichen Inflationsrate, die Kaufkraft des

Vermögens um rund die Hälfte geschrumpft.

Inflation, Inflationsrate und deren Berechnung

Der Begriff kommt aus dem Lateinischen und bedeutet das „Sich-Aufblasen“ oder „Anschwellen“. Inflation bedeutet Preissteigerung mit Verfall des Geldwerts. Sie spiegelt die Entwicklung einer Volkswirtschaft, in der Waren und Dienstleistungen teurer werden, sodass als Folge davon die Kaufkraft einer Währung sinkt.
Die statistische Inflationsrate beträgt in Deutschland seit 1965 durchschnittlich etwa 3,5 Prozent im Jahr. Statistisch gesehen verlor unser Geld jährlich 3,5 Prozent seines Werts und büßte damit an Kaufkraft ein. Besonders nachteilig wirkt sich die Inflation bei langfristigen Geldanlagen aus. Eine Ansparleistung von derzeit 100 Euro entspräche bei einer jährlichen Inflationsrate von 3 Prozent nach 30 Jahren nur noch der Kaufkraft von 40 Euro. Die Kaufkraft einer ab dem 60. Lebensjahr ausgezahlten Privatrente von 1.000 Euro monatlich würde in den 20 Jahren bis zum 80. Lebensjahr auf 543 Euro sinken.

100 Euro – nach 30 Jahren nur noch 40 Euro wert

Aktuell liegt die Inflationsrate um 2 Prozent. Dies ist vor allem auf die hohen Preise für Energie, besonders Öl, und andere Rohstoffe zurückzuführen.

Die aktuellen Inflationsraten in Deutschland in 2005 und 2006

	in Prozent gegenüber Vormonat	in Prozent gegenüber Vorjahr
Juni 05	0,1	1,8
Juli 05	0,5	2,0
August 05	0,1	1,9

	in Prozent gegenüber Vormonat	in Prozent gegenüber Vorjahr
September 05	0,4	2,5
Oktober 05	0,0	2,3
November 05	-0,5	2,3
Dezember 05	0,9	2,1
Januar 06	-0,5	2,1
Februar 06	0,4	2,1
März 06	0,0	1,8
April 06	0,4	2,0
Mai 06	0,2	1,9

Quelle: Statistisches Bundesamt

Genannt wird jeweils die Preissteigerung gegenüber dem Vergleichsmonat des Vorjahres. Die Zahlen zeigen: Wir haben eine eher niedrige Inflation. Als niedrige Inflation wird ein Kaufkraftverlust bis etwa 5 Prozent im Jahr bezeichnet. Dies ist volkswirtschaftlich gesehen sinnvoll, denn sie hat nachfragefördernde Wirkung. Geld wird ausgeben oder investiert. Dabei müssen allerdings die Renditen für Investitionen deutlich über der Inflationsrate liegen. Eine hohe Inflation beginnt bei etwa 5 Prozent Wertverlust im Jahr. Sie hat nachfragehemmende Wirkung, denn das Tauschmittel Geld verliert seinen Wert schneller als andere Güter wie beispielsweise Immobilien, Aktien oder andere Sachwerte. Die Folge von sehr hoher Inflation ist, dass das Geld an Funktionsfähigkeit einbüßt. Es verliert seine Verlässlichkeit als universelles Mittel zur Aufbewahrung von Werten.

Geld verliert schneller an Wert als Güter

Inflationsrate der letzten Jahre

Veränderung zum Vorjahr in Prozent

1995: 1,7
1996: 1,5
1997: 1,9
1998: 0,9
1999: 0,6
2000: 1,4
2001: 2,0
2002: 1,4
2003: 1,1
2004: 1,6
2005: 2,0

Quelle: Statistisches Bundesamt

Auch wenn die Zahlen moderat scheinen, sind die Auswirkungen der Inflation für Sparer schwerwiegend. Um den Geldverfall darzustellen, ein Zahlenbeispiel: Wer in fünf, zehn oder 15 Jahren die heutige Kaufkraft von 50.000 Euro erhalten will, muss dann bei zwei oder drei Prozent Inflation haben:

	2 Prozent Inflation	3 Prozent Inflation
5 Jahre	55.000 Euro	58.000 Euro
10 Jahre	60.900 Euro	67.200 Euro
15 Jahre	67.300 Euro	77.900 Euro

Das zeigt, dass man die Inflation bei allen finanziellen Entscheidungen berücksichtigen muss, vor allem bei langfristigen Engagements wie bei der Altersvorsorge. Wenn Sie beispielsweise jeden Monat 100 Euro sparen, wird daraus in 30 Jahren ein stattliches

Vermögen. Im folgenden Beispiel wird der Betrag mit 6 Prozent verzinst, die angenommene Inflationsrate liegt bei 3 Prozent.

z.B

Was aus einer Sparrate von monatlich 100 Euro wird

Laufzeit	Einzahlung	+ Zinsen (Zins + Zinseszins)	= Gesamtsumme	
			Nennwert	entspricht einer heutigen Kaufkraft von
10 Jahre	12.000	+ 4.326	= 16.326	12.558,46
20 Jahre	24.000	+ 21.565	= 45.565	28.478,13
30 Jahre	36.000	+ 61.926	= 97.926	51.540,00

Der Nennwert ist Nebensache

Gut sehen sie aus, die Zahlen der Gesamtsumme, und in vielen Rechenbeispielen der Finanzbranche wird nur der optisch ansprechende Nennwert gezeigt, der eben nicht die Inflation berücksichtigt. Dabei relativieren sich die Summen, wenn man ihre Kaufkraft zur Fälligkeit berücksichtigt. Dies offenbart sich vor allem bei Altersvorsorgethemen. Denn entscheidend ist der Betrag in der Spalte Kaufkraft. Dieser zeigt Ihnen den wirklichen Wert Ihres Geldes in der Zukunft.

Sie sehen, in 30 Jahren kommt es bei einer Inflation von 3 Prozent zu einem Kaufkraftverlust von 47 Prozent. Deswegen müssen Sie Inflationssicherung betreiben und den möglichen Kaufkraftverlust schon in der Anfangsphase Ihres Finanzengagements berücksichtigen. Das bedeutet: eine Schippe mehr auflegen. Dabei ist dies eine Rechnung mit mindestens einer Unbekannten – denn niemand weiß, wie sich die Inflation im nächsten Monat, im nächsten Jahr oder Jahrzehnt entwickeln wird. Deswegen unser

Vorschlag: Rechnen Sie mit einer angenommenen Inflation von 3 Prozent. Auch wenn die Inflationsrate aktuell relativ niedrig ist, sollte man rein gedanklich und rechnerisch von mindestens 3 Prozent ausgehen. Damit bauen Sie aus heutiger Sicht einen Sicherheitspuffer ein. Sparen Sie also nicht nur 100 Euro, sondern 103 Euro monatlich an.

Unterschätzt: Kaufkraftverlust bei Renten

Eine Umfrage des Deutschen Instituts für Altersvorsorge (DIA), veröffentlicht im November 2004, zeigt auf, dass vielen die Minderung ihrer Rente durch die Inflation nur unzureichend bewusst ist. Die reale Kaufkraft einer Standardrente von 1.170 Euro beträgt für einen 30-Jährigen beim Eintritt in den Ruhestand mit 65 Jahren im Jahr 2039 bei einer jährlichen Inflation von 1,5 Prozent nur noch knapp 700 Euro. Das entspricht einer Reduktion von 41 Prozent. 2054, wenn der 30-Jährige 80 Jahre alt sein wird, beträgt sie mit 550 Euro noch nicht einmal mehr die Hälfte. Dabei sind Steuern und andere Abzüge wie Sozialversicherungsbeiträge noch nicht berücksichtigt.

Frage: Was meinen Sie?

Wie viel sind 100 Euro in 35 Jahren bei einer jährlichen Inflationsrate von 1,5 Prozent noch wert?

❑ 81 Euro
❑ 77 Euro
❑ 59 Euro

Die letzte Zahl ist richtig.

Semantischer Schwindel der gesetzlichen Rentenversicherung

Worte können trügerisch sein. Der Sprachgebrauch der gesetzlichen Rentenversicherung ist es. Die Fachsprache vermittelt den Zwangsversicherten den Eindruck, beim staatlichen Altersgeld würde es sich um eines der üblichen Versicherungsprodukte handeln. Von „Konten" ist da die Rede und von „Versicherungsverläufen", von „Anwartschaftszeiten" und „Renditen". Es verwundert also nicht, dass nach Meinungsumfragen die meisten Menschen in Deutschland der „Versicherungsillusion" des Rentensystems auf den Leim gehen und davon ausgehen, ihre Beiträge würden auf ein eigenes Konto eingezahlt, dort verzinst und im Alter zusammen mit dem Kapitalgewinn wieder ausgezahlt.
Auch in diesem Ratgeber werden die oben genannten Begrifflichkeiten der gesetzlichen Rentenversicherung benutzt (vorwiegend im Kapitel 6, um sie zu erläutern). Rentenversicherte Frauen müssen diese verstehen, um das System der gesetzlichen Rentenversicherung zu durchschauen. Typisches Beispiel: Die Renteninformation (wird erklärt in Kapitel 6) ist ein Blatt, auf dem zwar Ansprüche schwarz auf weiß genannt sind, aber diese sind nicht abgesichert. Übliche Kontoauszüge – Girokonto oder Fondsbelege – verweisen auf ein reales vorhandenes Vermögen. Bei der gesetzlichen Rentenversicherung ist dies nicht der Fall. Wenn nicht genügend Einzahler in die Rentenkasse da sind, hilft auch kein Gang vor den Bundesgerichtshof.

Rentenversicherungsbericht 2005 – ein Offenbarungseid

Nur Gutgläubige haben noch große Erwartungen an die gesetzliche Rente. Den meisten Einzahlern ist klar, dass sie zukünftig allein für die Altersvorsorge nicht mehr ausreichen wird. Im März 2006 wurden die ohnehin schon niedrigen Prognosen für die Rente drastisch nach unten korrigiert. Das heißt: Noch mehr private Vorsorge ist nötig.

Der Offenbarungseid der gesetzlichen Rentenversicherung

Sozialminister Franz Müntefering legte im März 2006 den aktuellen Rentenversicherungsbericht vor – einen Offenbarungseid erster Klasse. Die Rentenkassen sind so leer, dass die Bezüge eigentlich sofort gekürzt werden müssten. Dies will der Sozialminister den aktuellen Rentnern aber bis 2009 ersparen. Dafür soll es erst ab 2012 zur Sache gehen. Von diesem Zeitpunkt an werden die heutigen Rentenkürzungen nachgeholt. Wie das umzusetzen ist, steht allerdings für alle Beteiligten noch in den Sternen. Nur so viel ist bei der Altersrente sicher: Die goldenen Jahre sind vorbei, die Bürger müssen ihre Altersvorsorge selbst in die Hand nehmen. Statt Vollversorgung bringt die gesetzliche Rentenversicherung nur noch eine Basissicherung.

Einnahmen/Ausgaben der gesetzlichen Rentenversicherung: linke und rechte Tasche

Im Jahr 2004 hatte die gesetzliche Rentenversicherung Einnahmen von 232,5 Milliarden Euro. 169,4 Milliarden Euro kamen aus den Beiträgen der gesetzlich Versicherten. Dies waren 25 Millionen Euro weniger als 2003. 61,4 Milliarden Euro wurden als Bundeszuschuss überweisen. Das sind Gelder aus dem aktuellen Bundeshaushalt, mit anderen Worten: Steuergelder.

Die Einnahmen der gesetzlichen Rentenversicherung im Jahr 2004

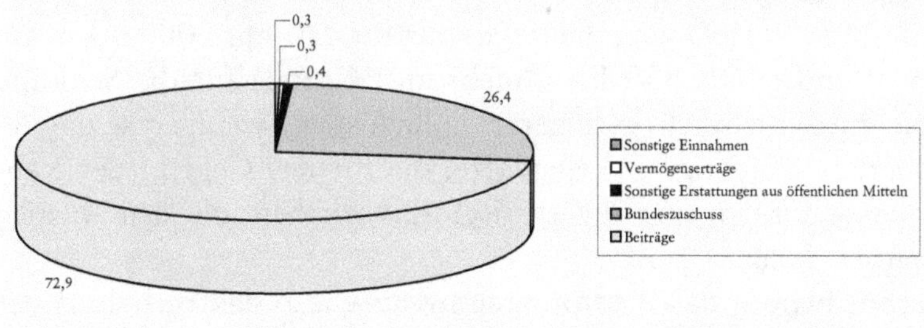

Die Ausgaben der gesetzlichen Rentenversicherung beliefen sich in 2004 auf 235,5 Milliarden Euro. Gegenüber dem Vorjahr erhöhten sich damit die Ausgaben um 1,6 Milliarden Euro. Allein die Ausgaben für die Renten lagen bei 210,5 Milliarden Euro, 1,3 Prozent mehr als 2003.

Die Ausgaben der gesetzlichen Rentenversicherung im Jahr 2004

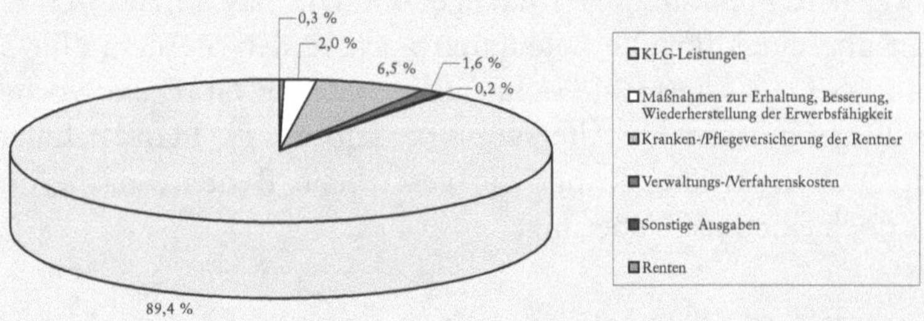

Quelle: Rentenversicherungsbericht 2005

Das Buch des Schreckens zeigt die Erwartungen der Regierung für die Entwicklung der Renten bis 2019. Genaue Zahlen gibt es für den Standard- oder Eckrentner. Für ihn errechnet der Rentenversicherungsbericht 2005 eine Bruttostandardrente – also vor Steuern – von 1.180 Euro im Monat für das Jahr 2009. Das sind nur vier Euro mehr als heute, 2015 sollen es 100 Euro zusätzlich sein, 2019 dann insgesamt 1.414 Euro. Das sind erschreckende Zahlen im Vergleich zu früheren Prognosen. Im Rentenversicherungsbericht 1995 ging die Regierung für das Jahr 2009 noch von 1.510 und damit 330 Euro mehr aus. Gründe für die Senkung sind ein wesentlich geringerer Lohnanstieg, weniger sozialversicherungspflichtige Arbeitsplätze, die für das Geld in der Rentenkasse sorgen, und diverse Reformvorhaben, die den Anstieg bremsen sollen.

Derzeit beträgt das Bruttorentenniveau – also das Verhältnis der Rente vor Abzug von Steuern und Sozialbeiträgen zum durchschnittlichen Bruttoeinkommen – für einen Eckrentner rund 48 Prozent. 2030 sollen es laut Alterssicherungsbericht der Bundesregierung nur noch 40 Prozent sein. Für die Rentner von morgen heißt das, sie müssen verstärkt vorsorgen. Die heute Berufstätigen müssen davon ausgehen, dass sie im Alter gerade noch die Hälfte ihres bisherigen Nettoeinkommens zur Verfügung haben, erwartet Michael Hauer, Geschäftsführer des Instituts für Vorsorge und Finanzplanung. Nötig sind aber mindestens 80 Prozent.

Der Rentenschock

Der Rentenschock sitzt. Heute kommt ein Rentner, der 45 Jahre die durchschnittlichen Rentenbeiträge entrichtet hat, auf 67 Prozent seines Arbeitseinkommens. Eine heute 40-jährige Frau, die ebenfalls 45 Jahre eingezahlt haben wird, kommt nur noch auf eine gesetzliche Rente von 54 Prozent ihres Arbeitseinkommens. Und wenn sie weitaus weniger Jahre eingezahlt hat, dann muss man von noch viel geringeren Prozentzahlen ausgehen.

Juliane Friedrich ist Vorstandssekretärin in einem mittelständischen Betrieb. Sie hat mit ihren 43 Jahren schon 25 Berufsjahre lang gearbeitet. Sie verdient heute 3.100 Euro brutto. 54 Prozent bedeuten für sie: Sie erhält an gesetzlicher Rente 1.674 Euro – mit 67 Jahren.

Trotz aller Einsicht in die Notwendigkeit privater Altersvorsorge scheut die Mehrzahl der Bundesbürger eine intensive Beschäftigung mit diesem Thema. Nach einer repräsentativen Umfrage des Instituts für Demoskopie Allensbach hat bisher nur jeder Dritte exaktere Berechnungen über seine voraussichtliche Versorgungssituation im Ruhestand angestellt. Selbst bei den 50- bis 60-Jährigen haben nur knapp 60 Prozent eine genauere Vorstellung davon, über welche Einnahmen sie im Alter verfügen können. Und unter den 25- bis 39-Jährigen hat nicht einmal jeder Fünfte eine Kalkulation seiner später zu erwartenden Einkünfte durchgeführt.
Doch Realität ist: Die häufig angesprochene Versorgungslücke wird größer. Und die gesetzliche Rente wird in Zukunft nur noch

eine Grundversorgung sein. Aktuell kommen 66 Prozent aller Einkünfte der über 65-Jährigen in Deutschland von der gesetzlichen Rentenversicherung. Das geht aus der Einkommens- und Verbrauchsstichprobe des Statistischen Bundesamts hervor. Rund 21 Prozent der Einkünfte dieser Altersgruppe stammten danach von anderen Alterssicherungssystemen, 7 Prozent seien Zins- und Mieteinnahmen sowie Lebensversicherungen und 4 Prozent resultierten aus eigener Erwerbstätigkeit. Wohngeld, Sozialhilfe oder Grundsicherung machten schließlich 1 Prozent der Senioreneinkünfte aus. Diese Zahlen werden sich in den nächsten Jahrzehnten drastisch ändern.

Die Rente wird noch teurer

Ein Rentenbeitrag von 20,2 Prozent bis 2008 ist nicht auszuschließen. Dies ist das Ergebnis der Frühjahrsschätzung 2006. 2007 steigt der Beitrag den Prognosen zufolge von derzeit 19,5 Prozent voraussichtlich auf 19,9 Prozent. Diese Anhebung ist im Koalitionsvertrag zwischen CDU/CSU und SPD vereinbart worden. Die gleichzeitige Absprache, den Satz bis zum Ende der Legislaturperiode nicht weiter steigen zu lassen, ist eventuell nicht zu halten. Ein Anstieg auf 20,0 bis 20,2 Prozent ist nicht auszuschließen. Bei der Entwicklung des Rentenbeitrags wird es vor allem darauf ankommen, ob der aktuell einsetzende Wirtschaftsaufschwung anhält oder sogar an Fahrt gewinnt.

Der Märchenprinz hat ausgedient – zur Altersvorsorge

Wir erinnern uns: Aschenputtel oder im englischen Sprachraum Cinderella ist allein, traurig und wird von Stiefmutter und Stiefschwestern gemobbt. Doch es gelingt ihr, unerkannt auf das Fest des Königs zu gelangen, auf dem der Prinz seine Gemahlin wählen soll. Der Königssohn verliebt sich in sie. Er möchte nun wissen, wer die schöne Unbekannte ist, doch zweimal gelingt es ihr, ihm zu entwischen. Beim dritten Mal verliert sie ihren Schuh auf der Schlosstreppe und der Verliebte lässt im ganzen Land suchen, damit er Aschenputtel als Braut heimführen kann. Und wenn sie nicht gestorben sind, dann leben sie noch heute glücklich – und bei ausreichender Altersvorsorge.

Kleinmädchenträume? Gewiss, aber viele Frauen träumen manchmal ganz gern in diese Richtung. Und wir gönnen ihnen den Märchenprinzen von Herzen und hoffen, dass seine Goldschatulle auch für die Prinzessin offen steht. Doch: Realistischerweise sind das Träume von gestern, besser vorgestern. Denn die Ehe als Institution hat als Versorgungsveranstaltung längst ausgedient. Sie galt jahrhundertelang als das Lebensziel für Frauen, war sie doch meist die einzige Chance, versorgt zu werden, da andere Wege verschlossen blieben. Heutzutage aber genügt es nicht mehr, auf die Hinterbliebenenversorgung des Ehemannes zu vertrauen. Doch die Zahl der Frauen, die schon in jungen Jahren an ihre Altersvorsorge denkt, ist verschwindend gering. Im Gegenteil. Experten sagen: Gerade verheiratete Frauen gehen fahrlässig mit ihrer Alterssicherung um. Sie geben die Verantwortung an ihren Partner ab. So stimmten in einer Umfrage nur 30 Prozent der alleinstehenden Frauen zwischen 18 und 59 Jahren der Aussage zu, genügend Vorsorge fürs Alter getroffen zu haben. Bei den verheirateten Frauen waren es 51 Prozent – doch wurden von ihnen auch die Policen als Sicherheit betrachtet, die eigentlich auf den Mann abgeschlossen sind. Da werden Wunsch und Wirklichkeit durcheinandergebracht.

Die Ehe als allheilbringende Altersvorsorge?

Das sind Legenden aus einer anderen Zeit. Die Ehe ist als Mittel zur wirtschaftlichen Versorgung und Altersvorsorge nicht mehr zeitgemäß.
Heute scheint Ehe viel eher nur für eine bestimmte Phase im Leben zu stehen – quasi als vorübergehende Erscheinung. Fatalerweise verlieren so genannte „Nur-Hausfrauen" und alle Frauen, die weniger als der Mann verdienen, bei einer Scheidung viel Geld, das Erbrecht und die Witwenrente. Im Einzelfall ist da eine Trennung günstiger als die endgültige Scheidung. Deswegen sollte frau eine Ehe entsprechend angehen und die Zeit danach auch schon mitplanen.
Wenn es mit dem Märchenprinzen und einer langen und glücklichen Ehe dann doch klappt – umso besser.

Rentensplitting – vorher genau rechnen

Der Gesetzgeber hat (immerhin) das Problem der schlechteren Versorgung der Ehefrauen erkannt. Deswegen ergänzte er das Rentenrecht um das so genannte Rentensplitting. Hintergrund: Der Gesetzgeber empfand, dass die Hinterbliebenenrente nur eine vom Ehemann abgeleitete Rente ist. Diese erfüllt nicht die Forderung nach einem eigenständigen Rentenanspruch von Frauen.
Ein erster Schritt in Richtung eines solchen unabhängigen Anspruchs ist die künftige Wahlmöglichkeit der Eheleute zwischen dem herkömmlichen Modell der Altersvorsorge, bei der beide Ehepartner eine eigene Versichertenrente beziehen – beim Tod des Ehepartners kommt dann die Hinterbliebenenrente, auch bekannt als Witwen-/Witwerrente, dazu –, und dem Rentensplitting. Dies bedeutet, dass Ehepaare ihre einzeln erworbenen Ansprüche auf die gesetzliche Rente splitten können. Das ist möglich für alle Ehen, die 2002 oder später geschlossen wurden. Wer schon länger verheiratet ist, muss für das Rentensplitting nach dem 1. Januar 1962 geboren sein.

Profitieren kann der Ehepartner, der während der Ehe geringere Ansprüche erwirbt – also üblicherweise die Frau. Nach einem Rentensplitting sind die von den Ehegatten erworbenen Rentenansprüche gleich hoch.
Das Rentensplitting ähnelt dem Versorgungsausgleich bei einer Ehescheidung. Die Summe der von beiden Ehegatten während der Ehezeit erworbenen Rentenanwartschaften wird gleichmäßig auf beide verteilt. Jeder Partner erwirbt also einen eigenständigen Rentenanspruch in Höhe der Hälfte der gemeinsam erworbenen Anwartschaften. Damit erhält der überlebende Ehepartner formal zwar weniger Geld als bei der Hinterbliebenenrente, dafür findet aber keine Einkommensanrechnung statt. Das Rentensplitting entspricht einem Verständnis von Ehe und Partnerschaft, demzufolge die von beiden in der Ehezeit erworbenen Rentenanwartschaften als gemeinschaftliche Leistung betrachtet werden, die deshalb auch beiden zu gleichen Teilen zustehen – unabhängig davon, wie die innerfamiliäre Rollenverteilung hinsichtlich Erwerbs- und Kindererziehungsarbeit aussieht.
Da es sich um eigene Rentenansprüche handelt, fallen sie auch bei Wiederheirat nach dem Tod des anderen nicht weg. Das Rentensplitting ist freiwillig. Nur wenn sich beide Ehepartner einig sind und beide das Rentensplitting befürworten, wird es von der Rentenversicherung durchgeführt. Ansonsten bleibt es beim üblichen Modell der Witwen-/Witwerrente. Übrigens kann die Entscheidung für ein Rentensplitting nicht widerrufen werden. Gut überdacht werden sollte die Entscheidung auch, weil man mit dem Rentensplitting keinen Anspruch auf eine Hinterbliebenenrente als Witwen- oder Witwerrente hat. Auch bei einer Wiederheirat bleibt der Splittingvorteil erhalten.
Die Entscheidung für ein Rentensplitting kann ein Ehepaar erst dann treffen, wenn einer der beiden erstmalig einen Anspruch auf eine Vollrente wegen Alters hat – das sind 25 Jahre rentenrechtliche Zeit – und der andere das 65. Lebensjahr vollendet. Die Entscheidung für oder gegen ein Rentensplitting muss dabei nicht zu Beginn des Rentnerlebens fallen, sondern kann auch später noch

getroffen werden. Stirbt einer der Ehegatten bereits vor Eintritt dieser Voraussetzungen, so kann der überlebende Ehegatte die Erklärung für das Splitting allein abgeben.

Pro und Kontra Rentensplittung

Die Entscheidung für das Rentensplitting hat so ihre Tücken. Es muss überlegt werden, wer von beiden möglicherweise zuerst stirbt und ob für den überlebenden Ehepartner das Rentensplitting wirklich von Vorteil ist. So kann eine Hinterbliebenenrente für den einen Ehepartner günstiger sein, während das Rentensplitting dem anderen Ehepartner Vorteile bringt. Dies bedeutet, dass von den Ehepartnern abzuschätzen ist, wer von ihnen der Hinterbliebene sein wird. Dabei ist wichtig, wie sich die Einkommenssituation des überlebenden Partners entwickeln kann und inwieweit das Rentensplitting zu Vorteilen hinsichtlich der Wartezeiterfüllung führt.

Wenn der Rentenversicherungsträger den Versicherten diese Entscheidung auch letztlich nicht abnehmen kann, so kann er dennoch Auskunft und Hilfe geben. So kann man sich beispielsweise ausrechnen lassen, wie hoch die jeweiligen Altersrenten nach einem durchgeführten Rentensplitting wären und mit welcher Hinterbliebenenrente zu rechnen ist. Gegenüber der Witwenrente weist es für die Frauen durchaus Vorteile auf: Im Gegensatz zur Witwenrente werden auf die durch das Splitting erworbenen eigenständigen Rentenansprüche keine eigenen Einkünfte angerechnet. Auch fallen diese Rentenansprüche bei einer erneuten Ehe nicht weg.

Unzeitgemäßes Splitting auf dem Prüfstand – Familiensplitting ante portas?

Endlich wird darüber diskutiert im politischen Berlin: Seit Langem wird das Ehegattensplitting im Steuerrecht – 1958 eingeführt (!) – als Begünstigung überholter traditioneller Rollen gesehen, in denen der Mann arbeitet und die Frau zu Hause bleibt. Mittlerweile

fordern sogar einige in der CDU – allerdings nur jüngere Vertreter – eine Reform.
Das rückwärtsgewandte Ehegattensplitting steht für eine doppelte Benachteiligung: Durch die Bevorzugung der Alleinverdiener-Ehe wird gefördert, dass die Frauen nicht arbeiten gehen. Besonders durch die Begünstigung großer Einkommensunterschiede wird den Frauen gar signalisiert: Es lohnt sich nicht zu arbeiten.
Eine Initiative für das Familiensplitting ist entstanden, das Paare mit Kindern entlasten soll. Wie genau es ausgestaltet werden wird, dürfte noch intensiv diskutiert werden.

Ökonomischer GAU: Scheidung

„Bis dass der Tod Euch scheidet." Dieser formelhafte Heiratsspruch wird wohl auf 100 Prozent der Hochzeiten zu hören sein. Aber er trifft nur auf gut die Hälfte aller Ehen tatsächlich zu. Zwar heiraten rund 90 Prozent der Bevölkerung mindestens ein Mal im Verlauf des Lebens, doch die Scheidungsraten sind hoch. So stehen in Deutschland knapp 400.000 Eheschließungen mehr als 200.000 Scheidungen gegenüber.

Heirat und Scheidung – in den verschiedenen Bundesländern und in Deutschland im Jahre 2004

Land	Eheschließungen	Gerichtliche Ehescheidungen
In Tausend		
Baden-Württemberg	51	25
Bayern	61	30
Berlin	13	10
Brandenburg	11	6

Bremen	3	2
Hamburg	7	5
Hessen	30	17
Mecklenburg-Vorpommern	10	4
Niedersachsen	42	22
Nordrhein-Westfalen	88	51
Rheinland-Pfalz	21	11
Saarland	5	3
Sachsen	17	9
Sachsen-Anhalt	11	6
Schleswig-Holstein	18	8
Thüringen	10	5
Deutschland	396	214

Quelle: Statistische Ämter des Bundes und der Länder

Der „Bund fürs Leben" gewinnt wieder an Bedeutung

Die Vorstellung, dass die Ehe ein Bund fürs Leben sei, wurde in den letzten Jahren vor dem Hintergrund der hohen Scheidungsraten relativiert. In einer deutschen Untersuchung von 1980 äußerten sich nur noch 41 Prozent der Befragten positiv zur Ehe als Bund fürs Leben. 30 Jahre zuvor, 1950, waren es noch 87 Prozent. Heute jedoch ist die Einstellung zur Ehe wieder positiver geprägt. Dies zeigt eine vom Familieninstitut in Zusammenarbeit mit Freiburger Gymnasien jüngst durchgeführte Studie: Für 80 Prozent der befragten Jugendlichen stellt die Ehe eine lebenslange Beziehung dar. Eine Partnerschaft ist für das Lebensglück dieser jungen Gymnasiasten am wichtigsten: 97 Prozent gaben diesen Bereich als für sie wichtig bis sehr wichtig an, während diese Einschätzung bezüglich Gesundheit mit 89 Prozent oder Ausbildung/Beruf mit 81 Prozent erfolgte. Geld und Prestige wurden in nur 35 Prozent respektive 24 Prozent der Fälle als wichtig bis sehr wichtig eingeschätzt. In derselben Untersuchung gaben 38 Prozent an, dass die Ehe für sie wichtig bis sehr wichtig sei; für weitere 48 Prozent gilt diese Einschätzung in Bezug auf eine Familiengründung. Für lediglich 29 Prozent der befragten Jugendlichen ist die Ehe unwichtig.

Ehescheidungen 1985 bis 2004

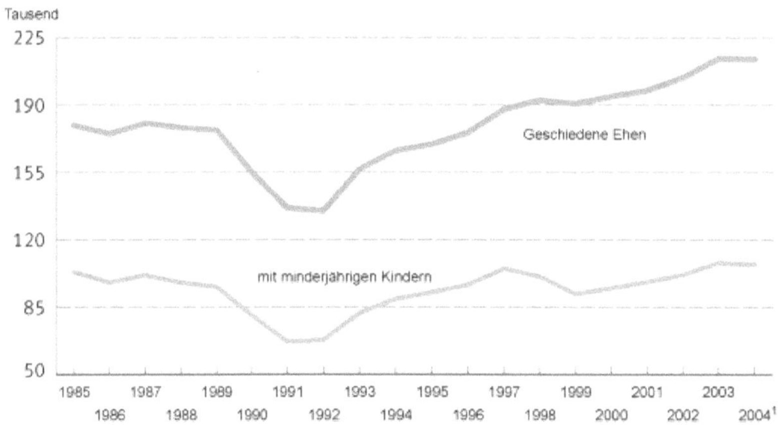

1) Die Zahl der Ehescheidungen hat sich in 2004 gegenüber dem Vorjahr kaum verändert. In der Hälfte der geschiedenen Ehen leben Kinder unter 18 Jahren.

© Statistisches Bundesamt Deutschland 2005

Ein Phänomen der Institution Ehe ist, dass Frauen meistens die Scheidung einreichen. Daran, dass Ehen scheitern, sind wohl häufig beide Ehepartner schuld. Die Scheidung wird in vielen Ländern von den Frauen angestoßen. So beantragen Frauen drei Viertel aller Scheidungen in Europa und Nordamerika. Auch in Deutschland geht die Initiative zur Auflösung der Ehe formell vorwiegend von Frauen aus. 2003 beantragte in 57,1 Prozent der Fälle die Frau die Scheidung gegenüber 36,2 Prozent der Männer. 6,7 Prozent der Ehepartner traten gemeinsam als Antragsteller auf.

Bundesjustizministerium 2002:
„Die finanzielle Situation von vielen Scheidungseltern, insbesondere mit minderjährigen Kindern, gleichgültig, in welcher Sorgeform sie hauptsächlich mit oder ohne Kindern leben, ist extrem schwierig. Der Einfluss des Stressfaktors ‚Finanzmangel' scheint erheblich zu sein. Steuerliche Lasten (Wegfall des Splitting-Vorteils, begrenzte Abzugsmöglichkeiten von Kinderbetreuungskosten), die Notwendigkeit, einen zweiten Haushalt zu etablieren und zu finanzieren, belasten nach der Scheidung Mütter wie Väter existenziell."

Nur für die Rente: der Versorgungsausgleich

Der Gesetzgeber hat dafür gesorgt, dass im Scheidungsfall über den so genannten Versorgungsausgleich Frauen von Rentenanwartschaften ihres Ex-Ehemanns profitieren. Für die Altersvorsorge einer Frau, die ausschließlich Familienarbeit während der Ehe geleistet hat oder wegen der Familie weniger Zeit in ihren Beruf investiert hat, bedeutet dies zusätzliche Rentenansprüche. Ausgehend von dem Grundsatz, dass die Familienarbeit der Leistung des erwerbstätigen Ehepartners gegenüber gleichwertig ist, werden beim Versorgungsausgleich die während der Ehe von beiden erworbenen Rentenanwartschaften einander gegenübergestellt. Derjenige, der über die höheren Anwartschaften verfügt, muss die Hälfte der Differenz an den anderen Ehepartner abgeben.

z.B

Hat der Ehemann während der Ehe Anwartschaften in Höhe von 400 Euro erworben und die Ehefrau durch die Erziehung dreier (vor 1992 geborener) Kinder Anwartschaften von rund 78 Euro, ergeben sich daraus für beide Ex-Ehepartner Rentenanwartschaften von jeweils 239 Euro: 400 + 78 = 478: 2 = 239.

Auch bei einer kinderlosen Ehe, während der beide Partner kontinuierlich erwerbstätig waren und der eine Partner deutlich mehr verdient hat als der andere, wird ein Versorgungsausgleich durchgeführt.
Problem beim Versorgungsausgleich: Zwar hat die (weniger verdienende) Frau Anspruch auf die Hälfte des in der Ehe angesammelten Deckungskapitals, aber nur der Mann kommt in den Genuss einer lebenslangen steuerbegünstigten Rente.
Unter den Versorgungsausgleich fallen im Übrigen auch Lebensversicherungen mit Rentenwahlrecht, bei denen das Rentenwahlrecht bereits ausgeübt wurde. Die Durchführung des Versorgungsausgleichs kann von den Ehepartnern während der gemeinsamen Ehe in einem notariell beurkundeten Ehevertrag ausgeschlossen werden. Zwischen dem Vertragsabschluss und dem Antrag auf Scheidung muss jedoch mindestens ein Jahr liegen, damit die Vereinbarung rechtswirksam wird.
Der Versorgungsausgleich ist änderbar, aber nur unter bestimmten Voraussetzungen: Der ausgleichsberechtigte Ehegatte stirbt und der Verstorbene oder seine Hinterbliebenen haben noch keine oder nur geringe Leistungen erhalten. Oder: Der ausgleichsberechtigte Ehegatte erhält noch keine Rente und der Ausgleichspflichtige zahlt ihm Unterhalt. Die Voraussetzungen müssen mit dem Rentenantrag nachgewiesen werden. Darüber hinaus wird bei Rentenbeziehern die volle Rente weitergezahlt, wenn der ausgleichsberechtigte Ehegatte noch keine Rente erhält. In diesen Fällen kann bis zum Rentenbeginn des ausgleichsberechtigten Ehegatten die ungekürzte Rente weiter gezahlt werden.

Frauen rutschen in die Sozialhilfe ab

Wohin Scheidungen führen, zeigt eine Studie zu den wirtschaftlichen Folgen von Trennung und Scheidung für Familien des Bundesfamilienministeriums, erstellt von Forschern der Universität Bielefeld. Die Soziologen stellten immer häufiger Sozialhilfebedürftigkeit von Frauen und Kindern fest. Sie sind die Benachteiligten, die zunehmend mehr in die Sozialhilfe abrutschen. Schließlich sind 85 Prozent der Alleinerziehenden Frauen. Eine Scheidung führt zu ökonomischen Verlusten für alle Beteiligten, so die Forscher. Sie schätzen die Einkommensverluste, die auf die getrennte Haushaltsführung nach der Scheidung zurückzuführen sind, auf 27 bis 36 Prozent. Und die Armutsquote der Frauen von 20 Prozent (zwei Jahre vor der Trennung) steigt auf 34 Prozent im Jahr nach der Trennung an. So stünden einer Frau nach einer Scheidung durchschnittlich 44 Prozent weniger Geld zur Verfügung als in der Zeit der Ehe. Selbst wenn korrekte Unterhaltsregelungen getroffen und dann auch eingehalten wurden, was häufig nicht geschieht, reiche das Geld oft nicht aus. Die Folge: Ein Drittel des Sozialhilfebudgets wird für alleinerziehende Mütter und Kinder ausgegeben. Laut Mikrozensus 2005 bestreiten gut 30 Prozent der alleinziehenden Mütter ihren Lebensunterhalt durch Arbeitslosengeld I oder II oder Sozialhilfe. Wie lange der Staat sich das leisten kann, bleibt abzuwarten.

Wiebke K. reichte die Scheidung ein. Ihr Mann war fremdgegangen. Nach seinem Auszug kamen Trennungsjahr, Scheidung und Klärung des Kindesunterhalts für Sohn und Tochter und des Unterhalts für sie.

Doch dann kamen weitere Probleme: Die Raten für das vor Kurzem erst gekaufte Haus, die Kosten für seine Wohnung – so viel konnte er nicht aufbringen. Als Familie waren sie gut mit seinem Gehalt ausgekommen, aber jetzt mussten mit dem Geld auch noch die zusätzliche Miete, ein zweites Auto, ein weiterer Telefonanschluss, die Müllgebühr und einiges mehr bezahlt werden. Was blieb, war der Weg zum Sozialamt.

Unterhalt für Kinder

Die Unterhaltssätze werden alle zwei Jahre zum 1. Juli angepasst, zuletzt war dies am 1. Juli 2005 der Fall. Seitdem gilt die neue Düsseldorfer Tabelle. An dieser Vorgabe orientieren sich die Gerichte bei der Bemessung des Unterhalts. Wer ihn genießt, bekommt jedoch nicht automatisch bei jeder Anpassung mehr überwiesen. Oft müssen sich die Betroffenen selbst darum kümmern, sonst bleibt alles beim Alten. Eine spätere Nachforderung für die Vergangenheit ist häufig nicht mehr möglich.
Die Tabelle und deren Anmerkungen beruhen auf Koordinierungsgesprächen, die zwischen Richtern der Familiensenate der Oberlandesgerichte Düsseldorf, Köln und Hamm und der Unterhaltskommission des Deutschen Familiengerichtstages unter Berücksichtigung des Ergebnisses einer Umfrage bei allen Oberlandesgerichten stattgefunden haben.

Düsseldorfer Tabelle – Kindesunterhalt

Nettoeinkommen des Unterhaltspflichtigen	Altersstufen in Jahren				Vomhundertsatz	Bedarfskontrollbetrag in Euro
	0-5	6-11	12-17	ab 18		
bis 1300	204	247	291	335	100	770/890
1300-1500	219	265	312	359	107	950
1500-1700	233	282	332	382	114	1000
1700-1900	247	299	353	406	121	1050
1900-2100	262	317	373	429	128	1100

Nettoeinkommen des Unterhaltspflichtigen	Altersstufen in Jahren				Vomhundertsatz	Bedarfskontrollbetrag in Euro
2100-2300	276	334	393	453	135	1150
2300-2500	290	351	414	476	142	1200
2500-2800	306	371	437	503	150	1250
2800-3200	327	396	466	536	160	1350
3200-3600	347	420	495	570	170	1450
3600-4000	368	445	524	603	180	1550
4000-4400	388	470	553	637	190	1650
4400-4800	408	494	582	670	200	1750
über 4800	nach den Umständen des Falles					

Die Düsseldorfer Tabelle entfaltet keine Gesetzeskraft, ist aber eine häufig genutzte Richtlinie. Sie gibt die Unterhaltsrichtsätze an, bezogen auf einen Ehegatten und zwei unterhaltspflichtige Kinder. Bei einer größeren/geringeren Anzahl Unterhaltsberechtigter sind Ab- oder Zuschläge durch die Einstufung in eine niedrigere/höhere Gruppe angemessen. Der Bedarfskontrollbetrag ist nicht mit dem Eigenbedarf zu verwechseln. Denn dieser soll eine ausgewogene Verteilung des Einkommens zwischen dem Unterhaltspflichtigen und den unterhaltsberechtigten Kindern gewährleisten. Das Kindergeld ist auch bei der Düsseldorfer Tabelle zu berücksichtigen: Es ist grundsätzlich zur Hälfte auf den Tabellenunterhalt anzurechnen. Die Höhe der Leistungen nach dem Unterhaltsvorschussgesetz berechnet sich nach dem aktuellen Regelbetrag der Düsseldorfer Tabelle der verschiedenen Altersstufen abzüglich des hälftigen Kindergeldes.

Neben der Düsseldorfer Tabelle gibt es auch Leitlinien zum Unterhalt. Diese wurden von den Senaten für Familienrecht des Oberlandesgerichts herausgegeben. Für die neuen Bundesländer ist die Berliner Tabelle, als Vortabelle zur Düsseldorfer Tabelle, gültig.

Alleinerziehende, die keinen Unterhalt bekommen, erhalten Hilfe vom Jugendamt. Es zahlt „Unterhaltsvorschuss" und holt sich das Geld – meist – vom Vater wieder. Gesetzliche Grundlage ist das Unterhaltsvorschussgesetz, dessen Anspruchsberechtigte die Kinder sind, allerdings nur, wenn sie noch nicht das zwölfte Lebensjahr vollendet haben.

Auf die Unterhaltsvorschussleistung werden Unterhaltszahlungen des anderen Elternteils oder Waisenbezüge angerechnet. Die Leistungen werden längstens für 72 Monate gezahlt. Übrigens: Reichen die Zahlungen des Jugendamtes nicht aus, um die Kosten des Kindes zu decken, so kann für den Rest das Sozialamt zuständig sein. Deswegen kann man auch dort einen entsprechenden Antrag stellen.

Ausführliche Informationen gibt es in der Broschüre „Der Unterhaltsvorschuss – eine Hilfe für allein Erziehende", die kostenlos beim Bundesministerium für Familie, Senioren, Frauen und Jugend, 53107 Bonn, bestellt werden kann: Artikel-Nummer 3627 – oder im Internet gelesen/ausgedruckt werden: www.bmfsfj.de

Eingetragene Lebenspartnerschaften rentenrechtlich der Ehe gleichgestellt

Gleichgeschlechtliche Lebenspartnerschaften sind seit 2005 auch rentenrechtlich der Ehe gleichgestellt. Das Lebenspartnerschaftsgesetz hatte bei seinem In-Kraft-Treten am 1. August 2001 zunächst keine Auswirkungen auf Ansprüche von Lebenspartnern und Lebenspartnerinnen gegenüber der gesetzlichen Rentenversicherung. Seit 1. Januar 2005 hat sich das durch das Gesetz zur

Überarbeitung des Lebenspartnerschaftsrechts geändert. Eingetragene Lebenspartnerschaften sind damit rentenrechtlich der Ehe gleichgestellt. Was die Hinterbliebenenversorgung und das Rentensplitting, die Anrechnung von Zeiten der Kindererziehung sowie die Durchführung eines Versorgungsausgleichs bei Aufhebung einer Lebenspartnerschaft betrifft, haben eingetragene Lebenspartner oder Lebenspartnerinnen nun Ansprüche gegenüber der gesetzlichen Rentenversicherung. Das gilt auch für Partner und Partnerinnen von Lebenspartnerschaften, die im Ausland eingetragen wurden. Voraussetzung ist, dass diese Eintragungen einer deutschen Lebenspartnerschaft im Sinne des Lebenspartnerschaftsgesetzes gleichgestellt sind. Das ist derzeit der Fall bei registrierten Lebenspartnerschaften in Dänemark, Norwegen, Schweden, Finnland, Island, Frankreich, den Niederlanden und Belgien.

Allerdings werden eingetragene Lebenspartnerschaften steuerlich nicht wie Ehepaare behandelt. Eine gemeinsame Veranlagung gibt es bislang nur bei Eheleuten. Partner einer eingetragenen Lebenspartnerschaft haben keinen Anspruch auf eine Zusammenveranlagung zur Einkommensteuer unter Anwendung des Splitting-Tarifs. Das hat der Bundesfinanzhof in einem 2006 veröffentlichten Urteil entschieden (Aktenzeichen: III R 51/05). In dem verhandelten Fall ging es um ein gleichgeschlechtliches Paar, das in einer eingetragenen Lebenspartnerschaft zusammenlebt. Beide Partner erzielten Einkünfte aus nichtselbstständiger Tätigkeit in unterschiedlicher Höhe. Für ihre Einkommensteuer beantragten sie eine Zusammenveranlagung. Dabei machten sie geltend, dass die Vorschriften über die Zusammenveranlagung und den Splitting-Tarif auch auf eingetragene Lebenspartnerschaften anwendbar seien. Dem widersprach der Bundesfinanzhof. Der Gesetzgeber habe bewusst von einer einkommensteuerlichen Gleichstellung eingetragener Lebenspartner mit Ehegatten abgesehen, begründeten die Richter ihr Urteil. Das Einkommensteuergesetz sehe eine Zusammenveranlagung nur für Ehegatten vor, die nicht dauernd getrennt lebten.

Familie fürs private Glück – Abstriche bei der Rente

„Ich? Manage sehr erfolgreich ein kleines Familienunternehmen“, beschreibt eine resolute junge Frau in einem Werbespot ihre Arbeit als Hausfrau und Mutter. Zu Recht. Doch im Unterschied zu anderen Managementposten ist der Job einer Familienmanagerin – rein materiell betrachtet – nicht sehr einträglich. Nachteile bei der Rente durch die Kindererziehung oder Pflege von Angehörigen werden nur teilweise ausgeglichen. Dabei bringt beispielsweise eine Frau, die drei Kinder erzieht, der Rentenkasse langfristig Beitragseinnahmen von gut 1 Million Euro. Aber sie selbst hat davon im Alter nicht viel davon – zumindest nicht aus der Rentenkasse. Diese sozialen Ungleichgewichte erkannte der Gesetzgeber schon in den 80er Jahren. Seitdem wird Frauen das Aufziehen Ihrer Kinder in der gesetzlichen Rente anerkannt. Aber: Sie bringen vor allem für gut ausgebildete Frauen weniger Entgeltpunkte als Zeiten der Berufstätigkeit. Das zeigt: Es wird kein echter Ausgleich geschaffen.

Hintergrund: Entgeltpunkte

Die Höhe der Rente richtet sich nach der Höhe der während des Arbeitslebens von Arbeitgebern und dem Arbeitnehmer gezahlten Beiträge. Seit 1992 wird dieses Einkommen in so genannte Entgeltpunkte umgerechnet, indem das eigene Einkommen durch das Durchschnittsentgelt im jeweiligen Kalenderjahr geteilt wird. Wer also in einem Jahr genauso viel rentenversicherungspflichtiges Entgelt erzielt hat wie der Durchschnitt der Einzahler – das sind derzeit 29.569 Euro –, erhält dafür einen Entgeltpunkt. Je höher die Summe der persönlichen Entgeltpunkte, desto höher die individuelle Rente.

Entgeltpunkte spielen bei der Rentenformel, nach der jede Rente errechnet wird, eine wichtige Rolle. Weiterhin ist der aktuelle Rentenwert zur Ermittlung der persönlichen Rentenansprüche wichtig. Er wurde früher jährlich neu vom Gesetzgeber festgelegt (meist um einige Cent erhöht) und entspricht dem Betrag, der sich nach einem Jahr Durchschnittsverdienst als monatliche Altersrente ergibt. Solange noch unterschiedliche Einkommensverhältnisse in den alten und neuen Bundesländern herrschen, gelten unterschiedliche Rentenwerte. Seit 2004 (und auch nicht in 2006) wurde der Rentenwert nicht mehr angepasst und beträgt aktuell 26,13 Euro (alte Bundesländer) und 22,97 Euro (neue Bundesländer).
Der dritte Faktor in der Rentenformel ist der Rentenartfaktor. Bei der Altersrente entspricht er 1,0, verändert also die Höhe der voraussichtlichen Monatsrente nicht.

!

Die Rentenformel

Persönliche Entgeltpunkte x Rentenartfaktor x aktueller Rentenwert = voraussichtliche Monatsrente

Bereits seit 1986 bringen Zeiten der Kindererziehung mehr Rente im Alter. Wurde zunächst ein Beitragsjahr pro Kind berücksichtigt, werden nun für Geburten ab 1992 drei Jahre lang Pflichtbeiträge nach dem Durchschnittsverdienst aller Versicherten gutgeschrieben. Und: Wer während der Erziehungszeit weiter berufstätig ist, bekommt seit 1998 den Arbeitsverdienst dazu angerechnet – zusammen mit der Kindererziehungszeit jedoch nur bis zur jeweiligen Beitragsbemessungsgrenze. Voraussetzung für die Gutschrift der Erziehungszeiten ist, dass das Kind in Deutschland erzogen wird. Diese Anwartschaften steigern die monatliche Rente um rund 78 Euro. Für ein Kind, das vor 1992 geboren wurde, werden der Mutter Anwartschaften für ein Jahr gutgeschrieben. Dies bringt für die Rente monatlich 26,13 Euro.

Die Mutter wird für diese Kindererziehungszeit bei der Rentenberechnung so gestellt, als ob sie während der Kindererziehungszeit einen Jahresverdienst in Höhe des durchschnittlichen Verdiensts aller Versicherten bezogen hätten. Im Jahr 2005 entsprach das 29.569 Euro (neue Länder: 24.879 Euro).
Frauen, die eigentlich mehr als diesen Betrag im Job verdient hätten, haben rentenmäßig einen schlechten Deal gemacht. Denn eine Mutter, die während der Kindererziehungszeit arbeitet und gut verdient, wird dafür nicht belohnt. Im Gegenteil. Für die Rente darf der Verdienst aus Beruf und Kindererziehungszeit zusammen pro Jahr – wie schon erwähnt – nicht mehr als die aktuelle Beitragsbemessungsgrenze betragen. Dies betrifft schon Frauen mit einem Jahresverdienst von etwa 33.000 Euro. Dann wird ein Teil des Rentenanspruchs aus der Kindererziehungszeit gekürzt.
Die Erziehungszeit wird nur einem Elternteil angerechnet, und zwar demjenigen, der das Kind erzogen hat. Die Meldebehörden zeigen die Geburt eines jeden Kindes dem Rentenversicherungsträger der Mutter an. Wird keine anderweitige Erklärung von den Eltern abgegeben, werden die Zeiten bei der Mutter gutgeschrieben. Sollen die Erziehungszeiten dem Vater übertragen werden, so muss eine entsprechende übereinstimmende Erklärung unverzüglich beim Rentenversicherungsträger abgegeben werden. Eine Übertragung ist nur maximal für zwei Monate rückwirkend möglich. Kindererziehungszeiten werden auch für Adoptiv- oder Pflegekinder ab der Adoption oder Aufnahme im Haushalt angerechnet.

130 Euro im Monat für die Erziehung – kann das genügen?

Auf der Seite www.ihre-vorsorge.de, einer Initiative der Regionalträger der Deutschen Rentenversicherung und der Deutschen Rentenversicherung Knappschaft-Bahn-See, liest sich das so:

„Mehr Rente für Erziehung von Kindern

Vater Staat zeigt sich spendabel. Ohne eigene Beiträge zur gesetzlichen Rentenversicherung kann man in den Genuss einer lebenslangen Rente kommen oder seine durch Beiträge erworbenen Rentenansprüche erhöhen: Wenn man Kinder erzieht.

Erziehungszeiten für eigene, adoptierte oder angeheiratete Kinder können einen Anspruch auf die Regelaltersrente, die nach heutiger Rechtslage ab dem 65. Geburtstag ausgezahlt wird, erstmals begründen oder – wenn er bereits besteht – erhöhen.

Bei Kindern, die nach dem 1. Januar 1992 geboren wurden, reichen bereits zwei Kinder für eine Rente. Bei Geburten vor dem 1. Januar 1992 müssen es fünf Kinder sein, wenn man sonst keine rentenrechtlich relevanten Zeiten nachweisen kann.

Für eine Regelaltersrente braucht man 60 Pflichtbeiträge. Wenn eine Frau oder ein Mann ein eigenes oder ein Pflege-, Adoptiv- oder Stiefkind erzieht, erhält sie – oder auf Antrag er – 36 Pflichtbeiträge pro Kind geschenkt. Wenn die Geburt nach dem 1. Januar 1992 erfolgte, davor gibt es zwölf Pflichtbeiträge umsonst. Für zwölf Pflichtbeiträge erhält man 0,996 Entgeltpunkte, die zurzeit 26,12 Euro Monatsrente bringt. Hat man 60 Pflichtbeiträge, also 4,98 Entgeltpunkte, bekommt man eine Rente von 130,60 Euro im Monat. Bei einer angenommenen Rentenbezugsdauer von 20 Jahren ergibt sich daraus eine Rentenleistung von 31.344 Euro. Vater Staat zeigt sich also durchaus spendabel.“

Neben den vorgestellten Kindererziehungszeiten gibt es in der gesetzlichen Rentenversicherung noch die Kinderberücksichtigungszeiten. Diese umfassen die Zeit der Erziehung vom vierten bis zum zehnten Geburtstag des Kindes. Bei zeitgleicher Erziehung mehrerer Kinder in diesem Alter enden sie zehn Jahre nach der Geburt des jüngsten Kindes. Die Berücksichtigungszeiten begründen allerdings weder einen Rentenanspruch noch erhöhen sie direkt die Rente. Sie schließen jedoch Lücken im Versicherungsverlauf und können daher die Bewertung von beitragsfreien Zeiten günstig beeinflussen.

Das ist auch bitter notwendig: Denn Auszeiten werden in der gesetzlichen Rentenversicherung – egal ob wegen Familienphase und fehlender Berufsjahre oder Arbeitslosigkeit – bestraft. Arbeitgeber und das Rentensystem benachteiligen diskontinuierliche Erwerbsbiografien mit Unterbrechungen zum Beispiel für Kinder oder Pflege.
Um diese Ungerechtigkeit etwas zu glätten – gerade für geringverdienende Frauen – gibt es die „Kindbezogene Höherbewertung bei der Rentenberechnung". Das bedeutet: Kann eine Mutter wegen der Kindererziehung nur eine Teilzeitarbeit ausüben oder verdient sie trotz einer Vollerwerbstätigkeit nur unterdurchschnittlich, werden ihre Rentenanwartschaften bis zum zehnten Geburtstag des Kindes bei der Rentenberechnung aufgewertet. Dabei erfolgt eine Erhöhung der individuellen Entgelte um 50 Prozent auf maximal 100 Prozent des Durchschnittseinkommens aller Versicherten. Voraussetzung für die Höherbewertung sind mindestens 25 Jahre an rentenrechtlichen Zeiten. Diese Höherbewertung der Beitragszeiten gibt es auch für Zeiten der nicht erwerbsmäßigen Pflege eines pflegebedürftigen Kindes bis zu dessen 18. Lebensjahr. Verdient eine Mutter zum Beispiel 1.000 Euro im Monat, werden bei der Rentenberechnung 1.500 Euro zugrunde gelegt.

Plötzlich allein

Der Tod des Partners zieht außer dem schmerzlichen Verlust auch finanzielle Konsequenzen nach sich. Bei Tod des rentenversicherten Ehemanns zahlt die gesetzliche Rentenversicherung Renten an die Hinterbliebenen.

Hinterbliebenenrenten gibt es nicht für nichteheliche Lebensgemeinschaften

Während bis Mitte des letzten Jahrhunderts das Zusammenleben von Paaren, die nicht miteinander verheiratet waren, noch als gesellschaftlicher Affront galt, hat sich dieses seitdem stark geändert. Heute hat sich die nichteheliche Lebensgemeinschaft als Alternative oder zumindest als Vorstufe für das eheliche Zusammenleben in der Bevölkerung etabliert.

Gesicherte Zahlen über die Anzahl nichtehelicher Lebensgemeinschaften gibt es nicht. Im Jahr 1999 lag die Zahl nichtehelicher Lebensgemeinschaften bei 2,1 Millionen. Man kann davon ausgehen, dass diese Zahl bis heute noch um einiges angestiegen ist. Zu beobachten ist, dass die nichteheliche Lebensgemeinschaft in den neuen noch mehr als in den alten Bundesländern zur üblichen Lebensform geworden und in großem Umfang an die Stelle der Ehe getreten ist. Aktuell gehen die Soziologen von etwa knapp 2,4 Millionen nichtehelichen Beziehungen aus. Und: In 50 Prozent der nichtehelichen Lebensgemeinschaften werden minderjährige Kinder betreut.

Doch: Obwohl die meisten Bundesbürger in die gesetzliche Rentenversicherung einzahlen (müssen), sind Partner oder Kinder von nichtehelichen Gemeinschaften von der staatlichen Hinterbliebenenfürsorge ausgenommen.

Anfang 2002 änderte die gesetzliche Rentenversicherung das Recht für Hinterbliebenenrenten, vor allem für Witwen- und Witwerrenten, sowie die Anrechung von eigenem Einkommen der Hinterbliebenen. Die weitaus meisten Witwen und Witwer sind noch nicht vom neuen Hinterbliebenenrecht betroffen. Für sie gelten die alten Regelungen weiter, wenn ihr Ehepartner vor dem 1. Januar 2002 verstorben ist oder wenn sie vor dem 1. Januar 2002 geheiratet haben und einer der Ehegatten vor dem 2. Januar 1962 geboren ist.

Für den Anspruch auf Hinterbliebenenrenten reicht es nach wie vor aus, wenn der verstorbene Ehepartner fünf Jahre lang Beiträge zur gesetzlichen Rentenversicherung gezahlt hat. Neu ist, dass die Ehe bereits ein Jahr bestanden haben muss. Auch die Höhe der Witwen-/Witwerrente hat sich geändert. Bisher wurden bei der großen Witwen-/Witwerrente 60 Prozent der Rente des Verstorbenen gezahlt, nach neuem Recht sind es 55 Prozent. Die Rente erhöht sich jedoch um einen Zuschlag, wenn der Hinterbliebene Kinder bis zum dritten Lebensjahr erzieht, sodass die Rente nach neuem Recht sogar höher ausfallen kann als nach altem. Die kleine Witwen-/Witwerrente beträgt nach wie vor 25 Prozent der Rente, die dem Ehemann zum Zeitpunkt seines Ablebens zugestanden hätte. Kinderlosen jüngeren Frauen wird nach dem Tod ihres Mannes für 24 Monate eine Übergangsrente gewährt, sofern die Ehe mindestens ein Jahr bestanden hat. Heiratet die Hinterbliebene innerhalb dieser zwei Jahre wieder, bekommt sie eine Abfindung für die verbleibenden Monate.
Auch hier gibt es jetzt die Kinderkomponente: Sofern die hinterbliebene Ehefrau ein Kind erzieht, erhält sie unabhängig vom Alter oder einer Erwerbsminderung die große Witwenrente zuzüglich eines dynamischen Kinderzuschlags. In den ersten drei Monaten steht ihr die volle Rente des verstorbenen Ehemanns zu. Die Unterscheidung zwischen großer und kleiner Witwen-/Witwerrente richtet sich nach wie vor nach dem Alter, dem Gesundheitszustand und der Erziehung von Kindern durch den Hinterbliebenen. Ist der Hinterbliebene bereits 45 Jahre alt, erwerbsgemindert oder erzieht er ein Kind unter 18 Jahren, wird die große Witwen-/Witwerrente gezahlt.
Werden neben der Hinterbliebenenrente weitere Einkünfte – beispielsweise mehrere Renten – erzielt, werden diese oberhalb eines Freibetrags, der derzeit bei knapp 700 Euro liegt, zu 40 Prozent auf die gesetzliche Hinterbliebenenrente angerechnet. Mit der Reform des Hinterbliebenenrechts 2002 wurde auch die Art des zu berücksichtigenden Einkommens ausgeweitet. Nach neuem Recht werden nun neben Einkünften aus einer Beschäftigung oder

selbstständigen Tätigkeit auch Einnahmen aus Kapitalvermögen, Vermietung oder Verpachtung oder aus privaten Veräußerungsgeschäften angerechnet. Die Witwen-/Witwerrente entfällt, wenn man sich wieder verheiratet.
Für Kinder, die Vater oder Mutter verloren haben, hält die gesetzliche Rentenversicherung eine Halbwaisenrente in Höhe von 10 Prozent der Rente des/der Verstorbenen für ausreichend. Allerdings muss der Verstorbene dazu fünf Jahre lang in die Rentenversicherung eingezahlt haben. Zu den Waisenrenten wird ein Zuschlag gewährt, der sich aus den rentenrechtlichen Zeiten der beziehungsweise des verstorbenen Versicherten errechnet. Waisenrente kann längstens bis zur Vollendung des 27. Lebensjahres bezogen werden.

Elternzeit – die neue Form des Erziehungsurlaubs

Früher hieß es Erziehungsurlaub – doch die Gedanken an Freizeit können in den ersten Monaten nach der Geburt vergehen. Eine Eingebung, die auch dem Gesetzgeber nicht fremd zu sein scheint, deswegen heißt nun der Erziehungsurlaub passender „Elternzeit". Elternzeit bedeutet: Bis zu drei Jahre nach der Geburt eines Kindes können Mutter oder Vater eine Auszeit vom Berufsleben nehmen.
Der Start in diese neue Lebensphase will gut geplant sein – immerhin kann man die Elterzeit so planen, dass der Kontakt mit dem Arbeitgeber nicht abreißt. Auch ist zu entscheiden, welcher der beiden Elternteile die Elternzeit tatsächlich in Anspruch nimmt. Und da kann es auch gute Gründe für einen Mann geben, in dieser Phase zu Hause zu bleiben, weil eben die Frau und werdende Mutter auch gutes Geld aufs Familienkonto bringt.

Elternzeit steht denjenigen zu, die Arbeitnehmer sind und mit ihrem Kind im Haushalt leben, es betreuen und erziehen. Nach der Elternzeit kehrt der Arbeitnehmer an seinen alten Arbeitsplatz zurück. Allerdings kann der Arbeitgeber die Person dann an einem anderen Arbeitsplatz einsetzen, wenn diese Tätigkeit dem Arbeitsvertrag entspricht. Nicht wesentlich ist dabei, ob die Eltern verheiratet sind oder nicht. Im „Gesetz über die Gewährung von Erziehungsgeld und Erziehungsurlaub" werden deswegen ausdrücklich „Elternteile" erwähnt, womit nichteheliche Lebensgemeinschaften gleichgestellt werden.

Verteilung der Elternzeit

Die Elternzeit gibt Eltern verschiedene Wahlmöglichkeiten: Prinzipiell darf die Elternzeit auf zwei Zeitabschnitte verteilt werden. So dürften Eltern sie bis zu einem Jahr der Elternzeit auf die Phase zwischen dem dritten und achten Geburtstag ihres Kindes schieben. Allerdings nur, wenn der Arbeitgeber zustimmt. Melden Sie also Ihre Elternzeit nur für zwei Jahre an, um das dritte Jahr dann flexibler gestalten zu können. Möglich wird beispielsweise dadurch, im ersten Schuljahr des Kindes zu Hause zu bleiben. Zudem können beide – also Vater und Mutter – gemeinsam Elternzeit nehmen, wenn dies wirtschaftlich darstellbar ist. Also kann die Elternzeit von drei Jahren auf bis zu vier Phasen geteilt werden.

Dabei ist der Form halber zu beachten, dass Väter direkt nach der Geburt in die Elternzeit gehen können, die Mütter dagegen naturgemäß erst nach der Mutterschutzphase, also acht Wochen später. Kommt zum Kind, weswegen Sie in Elternzeit sind, noch ein Geschwisterchen hinzu, läuft die Elternzeit wie geplant weiter. Erst nach Ablauf der ersten Elternzeit kann die zweite beginnen.

Um eine möglichst lange Elternzeit zu erhalten – wobei dies aus Arbeitsplatzgründen nicht immer unbedingt taktisch klug sein muss –, könnte man die Elternzeit für das erste Kind auf zwei Jahre beschränken und das dritte Jahr auf später verschieben. Im Anschluss an die drei Jahre Elternzeit für das zweite Kind könnten Sie dann eventuell noch das dritte Jahr vom ersten Kind nehmen.

Eine Schwangerschaft ist kein Grund zu einer vorschnellen Kündigung – auch wenn Sie sich noch so sehr auf die neuen Aufgaben freuen. Gehen Sie zunächst in Elternzeit, um sich die Rückkehr ins Berufsleben offen zu halten. Dann können Sie immer noch Ihre Entscheidung treffen. Am Ende der Elternzeit dürfen Sie dann mit einer Frist von drei Monaten kündigen.
Während der Elternzeit genießen Sie Kündigungsschutz. Er gilt unabhängig von der Dauer der Elternzeit und für Mütter und Väter gleichermaßen.
Verboten ist dem Arbeitgeber die Kündigung ab dem Zeitpunkt des Antrags auf Elternzeit, frühestens jedoch ab acht Wochen vor Beginn der Elternzeit. Man kann den Kündigungsschutz also nicht dadurch verlängern, dass man die Elternzeit mehr als acht Wochen vor ihrer Inanspruchnahme beantragt.
Der Kündigungsschutz endet mit dem Ende der Elternzeit. Er besteht auch für Mütter und Väter, die während der Elternzeit bei ihrem bisherigen Arbeitgeber eine Teilzeitbeschäftigung ausüben. Nach Ablauf der Elternzeit kann der Arbeitgeber unter Einhaltung der gesetzlichen, einzelvertraglich oder tarifvertraglich festgelegten Kündigungsfrist kündigen.
Die Arbeitslosenversicherung behandelt Mütter oder Väter, die unmittelbar vor der Mutterschaft oder der Geburt des Kindes Arbeitnehmer waren, auch in der Phase der Elternzeit wie beitragszahlende Beschäftigte. Eltern sind also in dieser Zeit weiterhin gegen Arbeitslosigkeit versichert, aber müssen keine Beiträge zahlen.

Wichtig ist, dem Arbeitgeber schriftlich und verbindlich mitzuteilen, wann man die Elternzeit nehmen will. Zu beachten sind dabei die Fristen. So muss die Anmeldung der Elternzeit acht Wochen vor dem gewünschten Termin den Arbeitgeber erreichen. Üblicherweise gilt für Mütter eine sechswöchige Frist. Für eine Mutter, die vom Mutterschutz in Elternzeit geht, bedeutet dies, dass sie ihrem Arbeitgeber zwei Wochen nach der Geburt schriftlich mitteilen muss, wann sie wie lange pausieren wird. Prinzipiell dürfte es sinnvoll sein, den Chef so früh wie möglich von den Plänen zu unterrichten.

Übrigens sollte man sich die Entscheidung, wie lange man Elternzeit nehmen will, gut überlegen, denn es gibt – wenn der Arbeitgeber nicht freundlicherweise mitspielt – keine Chance mehr auf nachträgliche zeitliche Verschiebung.

Alternative: Teilzeit in Elternzeit

Grundsätzlich brauchen Sie das O.K. Ihres Chefs: Denn ohne die Zustimmung des Arbeitgebers dürfen Sie während der Elternzeit nicht Teilzeit arbeiten. Dabei darf der Boss nur ablehnen, wenn dringende betriebliche Gründe gegen eine vorübergehende Teilzeitbeschäftigung sprechen. Doch sollte er zustimmen, lohnt es sich darüber nachzudenken, die Arbeitszeit nicht völlig herunterzufahren. Voraussetzung ist allerdings, dass der Elternteil in einem Unternehmen arbeitet, das mehr als 15 Arbeitnehmer beschäftigt, und dass dieser Elternteil dort schon länger als sechs Monate arbeitet. Bedingung: Der Teilzeit arbeitende Elternteil muss seine Wochenarbeitszeit für mindestens drei Monate auf 15 bis 30 Wochenstunden reduzieren.

Wer dann nach der Elternzeit nicht wieder voll arbeiten möchte, hat gute Karten. Denn der Arbeitgeber braucht triftige Argumente, warum Teilzeit in der Elternzeit, aber nicht ansonsten für ihn akzeptabel ist.

Ihr Recht auf Teilzeit geht weit: Mutter oder Vater dürfen in der Elternzeit sogar in einem anderen Unternehmen arbeiten – oder sich selbstständig machen – allerdings nur maximal 30 Stunden in der Woche. Und bei einer gemeinsamen Elternzeit können die Eltern bis zu 60 Wochenstunden arbeiten.

Um den Anspruch auf Elternzeit optimal zu nutzen, sollte man die individuelle Einkommenssituation der Familie genau abwägen. Schließlich stellt sich für alle Eltern die Frage, wie sie Erziehungsarbeit und Erwerbsarbeit aufteilen wollen. Die Antwort wird noch zu oft allein davon abhängig gemacht, wer mehr verdient. Entscheidend ist jedoch, was unter dem Strich in der Familienkasse bleibt. Dabei sind auch steuerliche Effekte und die Auswirkungen auf den Anspruch auf Erziehungsgeld zu berücksichtigen.

Hilfreich: der Elternzeitrechner

Der Elternzeitrechner des Bundesministeriums für Familie, Senioren, Frauen und Jugend soll jeder Familie helfen, die für sie beste Lösung zu finden. Hier kann man beispielsweise ausrechnen, wie hoch das Nettoeinkommen ist, wenn Sie und Ihr Partner sich die Elternzeit teilen und Teilzeit arbeiten gehen!

Der Elternzeitrechner berechnet Ihr Nettoeinkommen und Erziehungsgeld in vier Schritten: Zunächst erfolgt die Abfrage allgemeiner Angaben, die für die weiteren Berechnungsschritte notwendig sind.

Im zweiten Schritt werden Ihre maßgeblichen Einkommensdaten erfragt. Berücksichtigen Sie, dass Sie bei Teilzeitarbeit Ihr entsprechend reduziertes Einkommen angeben müssen. Achten Sie auch auf die passende Steuerklasse. Auf dieser Grundlage wird Ihr voraussichtliches Nettoeinkommen ermittelt. Dies wird für die abschließende Vergleichsübersicht benötigt.

In einem dritten Schritt wird Ihr Erziehungsgeldanspruch ermittelt. Für die Berechnung benötigen Sie Angaben über Ihre Jahresbruttoeinkünfte. Für die Ermittlung Ihres Nettoeinkommens und Ihres Erziehungsgeldanspruchs ist es hilfreich, wenn Sie aktuelle Einkommensunterlagen griffbereit halten.

Im letzten Schritt werden die Ergebnisse aus Schritt zwei und drei zusammengeführt. Sie erhalten eine Vergleichsübersicht mit Ihrem bisherigen Einkommen und dem voraussichtlichen Einkommen, das auf der Grundlage des von Ihnen gewählten Arbeitszeitmodells errechnet wurde. Ihr Erziehungsgeldanspruch wird dabei mit berücksichtigt.

Den Elternzeitrechner finden Sie im Internet unter:
http://www.bmfsfj.de/Elternzeitrechner

Selbst ist die Frau

Ökonomische und finanzielle Emanzipation ist heute für alle Frauen nötig. Schließlich ist die Ehe in diesen modernen Zeiten nicht mehr das einzige Lebensziel. Deswegen müssen Frauen auf eigenen finanziellen Füßen stehen. Und das in jeder Lebensphase. Frauen, die in einer eheähnlichen Gemeinschaft leben, sollten sich so absichern, als seien sie alleinstehend. Aber auch bei Frauen in der Partnerschaft, in der Ehe, in der Familie: Ziel muss die individuelle Existenzsicherung sein. Selbstverständlich ist Familienvorsorge richtig und schön. Und kann nur vom aktuellen Familieneinkommen getragen werden. Doch hat jedes Individuum der Gemeinschaft das Recht auf eine tragfähige eigene Absicherung – wie die Frauen und Mütter. Auch eine „Nur-Hausfrau“ und weniger Verdienende hat ein Anrecht auf eine Altersvorsorge, die tatsächlich ausreicht.
Deswegen: Delegieren Sie dieses Thema nicht an den Partner. Bei ihrer Altersvorsorge verlassen sich immer noch zu viele Frauen auf ihre Ehemänner. Offenbar existiert in manchen Mädchen- und Frauenköpfen immer noch die alte Rollenverteilung: Der Mann sorgt vor, die Frau wird versorgt.

Colette Dowling über den Cinderella-Komplex:

„Die äußeren Schranken haben wir übersprungen: Frauen dürfen wählen, Geld verdienen, sogar in der Öffentlichkeit Macht ausüben. Warum aber nehmen so wenige Frauen diese Chance wahr? Warum nützen Frauen so viel seltener ihre Begabungen? Und warum kehren selbst die Erfolgreichsten abends in eine ungleiche Partnerschaft zurück? Weil sie sich insgeheim noch immer nach Beschützung und Versorgung sehnen, weil sie die inneren Schranken noch nicht überwunden haben. ‚Im tiefsten Inneren will ich nicht selbst für mich sorgen. Ich möchte, dass es jemand anders tut.' Wie Aschenputtel im Märchen wartet auch die heutige Frau noch auf den rettenden Prinzen – sie leidet am Cinderella-Komplex."

Dabei haben wir Frauen, die in der zweiten Hälfte des 20. Jahrhunderts geboren wurden, als erste Frauengeneration in der Geschichte tatsächlich alle Chancen, selbstbestimmt und finanziell unabhängig im Alter zu leben.
Vertun wir diese Möglichkeiten nicht, um die uns unsere Großmütter und „Vorfahrinnen" beneidet hätten, nutzen wir stattdessen diese Gelegenheit, von der viele Frauen aus Afrika oder dem Nahen Osten heute nur träumen können.
Wir haben die Möglichkeit, frühzeitig unsere Unabhängigkeit aufzubauen, ein gewisses Vermögen zu erarbeiten und unsere Altersvorsorge zu sichern. Das können wir mit Mann – aber auch ohne! Und das schaffen wir auch mit Kindern!
Es geht um die eigenständige finanzielle Existenzsicherung von Frauen – vielleicht die letzte männliche Bastion.
Doch: Gerade bei Zukunftsproblemen denken besonders Familienfrauen oft erst sehr spät – vielleicht zu spät – an sich selbst. Stecken Sie also bei der Absicherung der eigenen Zukunft nicht den Kopf in den Sand. Führen Sie die Vorsorge weiter, die vor der Ehe bestanden hat. Fordern sie dieses Menschenrecht ein! Schaffen Sie sich eine vom Partner unabhängige Altersversorgung. Sie verlieren ansonsten wertvolle Jahre für Ihre Altersvorsorge. Auch ist es wichtig, in der Familienphase an Berufsausbildung, Zusatzausbildung und Weiterbildung zu denken.

Birgit ist mit Fred verheiratet. Beide gehen arbeiten. Birgit verdient allerdings weitaus weniger. Ihr Einkommen fließt in die Haushaltskasse – so wie sie das schon bei ihrer Mutter kennengelernt hat. Fred dagegen gibt Geld großzügig aus – auch für Birgit – und baut kontinuierlich seine Altersvorsorge auf. Nach dem Tipp einer Freundin ändert Birgit ihre Einstellung. Nach einem Gespräch mit Fred krempeln sie ihre Finanzen um: Sie nehmen ihr Gesamteinkommen, zweigen davon das Haushaltsgeld ab und zahlen für beide den gleichen Anteil in eine eigene Altersvorsorge.

Private Altersvorsorge ist überlebenswichtig

Wir mussten es schon im letzten Kapitel akzeptieren: Die staatliche Altersvorsorge wird nicht genügen, um das Auskommen im Ruhestand zu sichern. Die gesetzliche Rente – gerade von Frauen – wird in vielen Fällen für eine tatsächliche Versorgung schlicht zu niedrig sein. Dabei ist die gesetzliche Rentenversicherung durch die Änderung in der Bevölkerungsstruktur an die Grenze ihrer Funktionsfähigkeit gestoßen. Die Folge: Besonders für Frauen ist die Altersvorsorge-Situation alles andere als rosig: Sie haben die niedrigeren Renten. Zudem müssen Frauen mehr Geld für den Ruhestand ansparen als Männer, weil sie meistens länger leben. Die private Ergänzung zur gesetzlichen Altersversorgung ist daher noch notwendiger als bei Männern.
Doch die meisten Deutschen versuchen noch immer, das Problem zu negieren. So kommen Studien zu solchen Ergebnissen: Die meisten Arbeitnehmer in Deutschland unterschätzen ihre Versorgungslücke im Alter dramatisch und sorgen zu wenig privat vor. Dies ergab eine Untersuchung des Deutschen Instituts für

Altersvorsorge aus dem Jahr 2005: „Bei realistischer Einschätzung der Lebenserwartung werden 59 Prozent aller Haushalte die entstehende Rentenlücke mit dem heutigen Sparverhalten nicht füllen können“, betonte Axel Börsch-Supan von der Universität Mannheim, einer der Autoren der Studie.

Sie erfragten, was die Bevölkerung von der gesetzlichen Rente erwartet und wie sie sich auf den Ruhestand vorbereitet. Verglichen mit dem alten Recht, fehlen Rentnern künftig durchschnittlich 150 Euro im Monat. Bei den heute Vierzigjährigen sind es sogar 215 Euro. Durchschnittlich reicht das angesparte Vermögen zwar aus, um die Rentenlücke zu füllen. Aber da der Wohlstand ungleich verteilt ist, gibt es viele Haushalte, deren Vermögen, Betriebsrente, Immobilieneigentum und Sparpläne nicht ausreichen, um das Versorgungsdefizit auszugleichen. Nach der Studie sparen 46 Prozent nicht genug, um die zu erwartende Rentenlücke zu decken, wenn man die eigene Lebenserwartung zugrunde legt. Unter Zugrundelegung des medizinischen Fortschritts sorgen sogar 59 Prozent nicht ausreichend vor. Ein Drittel wiederum verfügt über kein Finanzvermögen und spart auch nichts. Ihnen droht das Abrutschen in die Altersarmut.

Schlechte Karten für die Frauen im Alter

Noch schlimmer die Zahlen bei den Frauen: Nach einer Untersuchung des Marktforschungsinstituts psychonomics im Auftrag des Deutschen Instituts für Altersvorsorge zeigt sich, dass sich viele Frauen bei ihrer Altersvorsorge auf andere verlassen – den Partner oder den Staat. Die Folge: 75 Prozent der heute 30- bis 59-jährigen Frauen werden nach Berechnungen von Rentenexperten im Alter finanziell nicht ausreichend abgesichert sein. Das gilt insbesondere für Frauen, die neben der gesetzlichen Rentenversicherung über keine weiteren Einkommensquellen verfügen. Nur knapp ein Viertel der erwerbstätigen Frauen hat eine zusätzliche private oder betriebliche Altersvorsorge. Hausfrauen haben nur zu 34 Prozent eigene Ansprüche gegenüber den gesetzlichen Rentenkassen, lediglich 32 Prozent sorgen darüber hinaus privat vor. Und 42 Prozent der Frauen verfügen über überhaupt keine Altersvorsorge.

Bestätigt werden die Größenordnungen durch die Zahlen der privaten Altersvorsorge. Frauen bekommen nur die Hälfte der gesetzlichen Rentenversicherung von Männern ausgezahlt. Doch leider sind sie auch bei der privaten Vorsorge im Hintertreffen. Die Abschlusszahlen von Kapitallebensversicherungen der Victoria Lebensversicherung sprechen eine eindeutige Sprache. Und das in allen Altersphasen von unter 20 bis über 60 Jahre. Frauen zahlen im Durchschnitt etwa ein Drittel weniger Beiträge. Zwar haben Frauen 44 Prozent der Verträge abgeschlossen, doch zahlen sie insgesamt nur 35 Prozent der Beträge ein. Und bekommen im Alter entsprechend weniger ausgezahlt. Bei der privaten Rentenversicherung – besonders empfehlenswert für Frauen – das gleiche Bild. 53 Prozent der Verträge halten Männer, sie zahlen zudem 56 Prozent der Beträge ein. Einzig die Riester-Rente ist eine Domäne der Frauen mit 57 Prozent. Hier gehr es allerdings um – relativ gesehen – kleinere Beträge und trotzdem haben die Männer die Nase vorn: Sie zahlen 52 Prozent der Beiträge ein, werden also auch hier mehr als die Frauen herausbekommen. Zusammengefasst: Laut Psychonomics-Kundenmonitor legen Männer im Mittel monatlich 61 Euro fürs Alter zurück, Frauen dagegen nur 45 Euro. Frauen müssen häufig nicht nur mit weniger gesetzlicher, sondern auch mit einer geringeren privaten Rente länger auskommen. Dagegen hilft einzig Eigenverantwortung und der Aufbau einer partnerunabhängigen, eigenständigen Altersvorsorge.

!

Monatlicher Sparbetrag für die Altersvorsorge in Euro

Frauen:
53 Prozent sparen 50 bis 100 Euro
19 Prozent sparen unter 50 Euro
17 Prozent sparen 100 bis 150 Euro
9 Prozent sparen 150 bis 300 Euro.
2 Prozent sparen über 300 Euro.

Männer:
47 Prozent sparen 50 bis 100 Euro
20 Prozent sparen unter 50 Euro
6 Prozent sparen 100 bis 150 Euro
23 Prozent sparen 150 bis 300 Euro.
4 Prozent sparen über 300 Euro.

Quelle: DIA
Stand: 2002

Frauen vernachlässigen also ihre eigene Altersvorsorge: Nur 47 Prozent der 18- bis 50-jährigen Frauen investieren mehr als 5 Prozent ihres Einkommens in die private Altersvorsorge. Dies geht aus einer aktuellen Studie von NFO Infratest hervor. Auffällig ist, dass bundesweit 18 Prozent nicht in ihre private Altersvorsorge investieren. Dabei spart fast ein Drittel (30 Prozent) der 18- bis 25-jährigen Frauen nichts für eine spätere Absicherung im Ruhestand. Doch mit zunehmendem Alter steigt die Bereitschaft, in die private Altersvorsorge zu investieren: Ab 26 Jahren investieren rund 50 Prozent der Frauen mehr als 5 Prozent in die Altersabsicherung. 45 Prozent der Frauen sehen dies als Ergänzung zur Rente. 31 Prozent der Frauen wollen das Geld zur Aufrechterhaltung der Gesundheit verwenden. Berufsunfähigkeit (18 Prozent) und ein Eigenheim (4 Prozent) rangieren auf den Plätzen drei und vier.

Altersvorsorge: unzureichend

Fast jede zweite berufstätige Frau in Deutschland hält ihre bisherige Altersvorsorge für unzureichend. Das geht aus einer Studie hervor, die das Meinungsforschungsinstitut Allensbach erstellt hat. Besonders in der Altersgruppe der 16- bis 34-Jährigen und in der Gruppe der Ledigen herrscht dieses Gefühl vor. Dementsprechend möchten 46,5 Prozent der Befragten in den nächsten Jah-

ren verstärkt für das Alter vorsorgen. Bei den bis zu 34-Jährigen sind es sogar 56 Prozent.
Bei den Männern empfindet nur jeder Dritte seine Altersvorsorge als unzureichend. 45 Prozent halten hier eine verstärkte Altersvorsorge in den nächsten Jahren für notwendig, so die Untersuchung.
Wunsch und Wirklichkeit klaffen bei der Altersvorsorge extrem weit auseinander. Begründet wird die vorherrschende Passivität laut einer Allensbach-Erhebung vor allem mit dem Eindruck, dass sich die Einnahmen- und Bedarfssituation im Alter nicht langfristig kalkulieren lasse. Fast drei Viertel der Befragten sind dieser Auffassung. Knapp 30 Prozent verzichten aber auch allein deshalb auf präzisere Schätzungen, weil sie befürchten, dass sie im Alter ohnehin zu wenig Geld zur Verfügung haben werden. Tatsächlich sorge die nähere Beschäftigung mit der Vorsorgesituation oft für einen „Realitätsschock“. So erklärten 54 Prozent der Befragten zwischen 25 und 60 Jahre, die sich schon näher mit ihrer finanziellen Lage im Ruhestand beschäftigt haben, dass sie seither mit einem geringeren Alterseinkommen rechnen.

Der Realitätsschock

Auto wichtiger als Rente?

Für den Kauf eines neuen Kraftfahrzeugs oder einer Einbauküche nehmen sich die Deutschen mehr Zeit als für die Planung ihrer Altersvorsorge. Zu diesem Ergebnis kommt eine repräsentative Studie im Auftrag der Commerzbank. Danach brauchen die Bundesbürger durchschnittlich 37 Stunden, um sich für ein neues Auto zu entscheiden. Vor dem Kauf einer Einbauküche überlegen sie knapp 25 Stunden lang. Dagegen wird die finanzielle Absicherung im Alter nur in etwa 21 Stunden geplant. Rund 15 Prozent der Befragten haben sich laut der Commerzbank-Studie sogar noch nie mit ihrer Altersvorsorge befasst, 37 Prozent nur zum Teil. Als Gründe für dieses Verhalten wurden fehlende finanzielle Mittel und die Angst vor langfristigen vertraglichen Bindungen genannt. Für die Studie hat das Marktforschungsinstitut TNS Infratest 1000 Interviews mit Bundesbürgern im Alter von 25 bis 60 Jahre geführt.

Größenordnung vergegenwärtigen

Die Metapher dürften die meisten kennen: Die Altersvorsorge, getragen von den drei Säulen gesetzliche, betriebliche und private Altersvorsorge. Doch die erste Säule bröckelt und Säule zwei kann die ganze Last nicht tragen. Deswegen wird die dritte Säule – die private Altersvorsorge – immer wichtiger.
Es ist schon verflixt. Frauen verdienen weniger, haben weniger Zeit, um tatsächlich zu arbeiten, bauen deswegen auch eine geringere private Altersvorsorge auf – haben aber sowieso mehr Jahre zu finanzieren. Jede Einzelne hat zu berücksichtigen, dass sie aufgrund ihrer längeren Lebenserwartung ein höheres Kapitalvermögen benötigt, um im Alter versorgt zu sein. Und das verlangt große Summen: Um beispielsweise 18 Jahre lang eine Zusatzrente von 1.000 Euro im Monat beziehen zu können, benötigt frau einen angesparten Betrag von rund 220.000 Euro. Bei dieser einfachen Rechnung (18 Jahre x 12 Monate x 1.000 Euro) bleiben Inflation und Verzinsung unberücksichtigt.

z.B

Elvira will noch mit 65 Jahren in Rente gehen. Sie ist nicht ganz gesund, will aber noch 20 Jahre vergnügt und gut abgesichert leben. 1.000 Euro sind ihr Ziel. Diese will sie monatlich aus privatem Vermögen zusätzlich zu ihrer Rente beisteuern. Dazu benötigt Elvira am Start ihres dritten Lebens 240.000 Euro.

Betriebliche Altersvorsorge: empfehlenswert

Lieber in den Urlaub als in die Betriebsrente investieren

Das ist das Ergebnis der Studie Kundenkompass betriebliche Altersversorgung von Delta Lloyd und dem FAZ-Institut. Insgesamt haben nur 48 Prozent der Befragten eine Betriebsrente abgeschlossen. Knapp die Hälfte legt für die betriebliche Altersversorgung nur maximal 50 Euro monatlich zurück. Jeder Vierte zahlt zwischen 51 und 100 Euro Monatsbeitrag. Lediglich 1 Prozent der Arbeitnehmer legen über 200 Euro pro Monat fürs Alter auf die hohe Kante.

Viel zu wenige Frauen nutzen die betriebliche Altersvorsorge

Es ist bedauerlich. Nur 46 Prozent der Arbeitnehmer nutzen die Möglichkeiten der betrieblichen Altersvorsorge. Dabei gehört die betriebliche Altersvorsorge zu den renditestärksten Vorsorgemöglichkeiten. Doch die Frauen nutzen diese zu wenig. Bei der Allianz Leben beispielsweise lauten auch im Jahr 2006 63 Prozent der von Betrieben abgeschlossenen Versicherungen auf Männer. All dies bedeutet: Nur eine Minderheit der Frauen nutzt betriebliche Vorsorge – ein Fehler. Denn gerade für Frauen ist die betriebliche Altersvorsorge positiv: Sie können bei Betriebsrenten meist gleiche Leistungen für gleiche Beiträge bekommen. Auch kommt die betriebliche Altersvorsorge den Wünschen der Frauen entgegen: Sicherheit ist Trumpf. Denn alle Formen der betrieblichen Altersvorsorge müssen gegen Insolvenz abgesichert sein. Damit die zukünftigen Renten sicher sind. Zudem gilt seit 2005 eine sinnvolle Neuregelung: Seitdem können Mitarbeiter ihren betrieblichen Vorsorgevertrag zur nächsten Arbeitsstelle mitnehmen oder den Vertrag privat fortführen.

Die Arbeitsgemeinschaft für betriebliche Altersversorgung sieht ein Comeback der Betriebsrente. Gründe dafür seien unter anderem die verbindliche Zusage des Arbeitgebers, diese Verpflichtung auch zu erfüllen. Deswegen seien bereits erworbene Ansprüche nicht kürzbar. Wenn beispielsweise die betriebliche Altersvorsorge kollektiv über eine Betriebsvereinbarung oder einen Tarifvertrag geregelt wäre, könnten beteiligte Arbeitgeber und Arbeitnehmervertreter keinesfalls beliebig in die Rechte der begünstigten Arbeitnehmer eingreifen.
Branchen mit überdurchschnittlichen Anteilen von Arbeitnehmern mit betrieblicher Altersvorsorge sind das Kredit- und das Versicherungswesen mit 76 Prozent, Bergbau und Energie mit 72 Prozent, Investitionsgüter- und Gebrauchsgüterindustrie (60 Prozent), Rechts- und Steuerberatung (58 Prozent), Datenverarbeitung mit 52 Prozent und die Produktionsgüterindustrie mit 52 Prozent.

Paradigmenwechsel: Anspruch auf Gehaltsumwandlung

Das Wichtigste ist der Anspruch auf betriebliche Altersvorsorge. Jeder Arbeitnehmer hat einen Rechtsanspruch auf Gehaltsumwandlung zugunsten seiner Altersvorsorge – man kann von seinem Unternehmen verlangen, dass Teile aus dem unversteuerten Bruttogehalt in eine zusätzliche Altersvorsorge abgeführt werden. Denn Arbeitgeber sind zur betrieblichen Altersvorsorge verpflichtet. Wie dies geschieht, das sollen Arbeitgeber und Arbeitnehmer bilateral vereinbaren. Wenn der Arbeitgeber für die betriebliche Altersvorsorge nicht einen Pensionsfonds oder eine Pensionskasse anbietet und auch keine andere freiwillige Einigung gelingt, kann der Arbeitnehmer verlangen, dass der Arbeitgeber eine Direktversicherung abschließt. Außerdem sind die Beiträge der Beschäftigten zu einer betrieblichen Altersvorsorge von Anfang an geschützt und bleiben auch beim Wechsel zu einem anderen

Arbeitgeber bestehen. Der Gesetzgeber hat mit diesen Regelungen die betriebliche Altersvorsorge aufgewertet.
Zudem wurden die gesetzlichen Fristen verkürzt: Jetzt bekommt man schon nach fünf Jahren – früher zehn Jahren – und mit 30 Lebensjahren – früher erst mit 35 Jahren – eine Betriebsrente. Das verbessert die Bedingungen für die Mobilität von Beschäftigten und entspricht auch eher den tatsächlichen Gegebenheiten. Dabei lässt das Reformgesetz grundsätzlich offen, ob jemand einen Vertrag mit einem Anbieter der Finanzbranche schließt oder Geld als Betriebsrente anlegt. Der Arbeitnehmer hat auch einen Rechtsanspruch, die staatlich geförderte private Altersvorsorge in seine betriebliche Altersvorsorge zu integrieren.

Das muss der Arbeitgeber tun

Seit 2002 müssen alle Arbeitgeber ihren Mitarbeitern eine betriebliche Altersvorsorge bereitstellen. Das bedeutet aber nicht, dass der Arbeitgeber auch in diese einzahlen muss. Der Chef darf aussuchen, welches Angebot und welchen Anbieter er wählt. Dabei stehen fünf Anlageformen zur Auswahl: Pensionsfonds, -kassen, Unterstützungskassen, Pensionsrückstellungen, auch Direktzusage genannt, und Direktversicherungen.
Die Abwicklung der betrieblichen Altersvorsorge übernimmt der Arbeitgeber. Er sucht eine Anlageform aus und kümmert sich um die Abführung der Beiträge. Die Beschäftigten, der Betriebsrat oder die Tarifparteien brauchen sich mit den Arbeitgebern nur über die Höhe und die Art der Altersvorsorge zu einigen. Anfragen stellt man am besten an das Personalbüro des Arbeitgebers, den Betriebsrat oder den Chef.

Betriebliche Altersvorsorge bietet Vorteile. Denn sie fördert kollektive Lösungen. So fällt weder eine Abschlussprovision wie bei einer Lebensversicherung noch ein Ausgabeaufschlag wie beim Erwerb von Investmentanteilen eines Fonds an. Zudem sind die Verwaltungskosten günstiger. Das bedeutet bessere Vertragsbedingungen, geringere Beiträge, mehr Leistung im Alter und insgesamt weniger Kosten. Denn Sammelverträge über den Betrieb sind kostengünstiger und dadurch rentabler. Experten wie Professor Diether Döring, Leiter der Akademie für Arbeit in Frankfurt/ Main, schätzen, dass die betriebliche Altersvorsorge 15 bis 20 Prozent mehr Leistung als individuelle Vorsorge bringt. Betriebliche Altersvorsorge ist sinnvoll für beide Seiten: Arbeitnehmer können Steuern und möglicherweise auch Sozialabgaben sparen und effektiv zu einem zusätzlichen Vorsorgekapital kommen. Für Arbeitgeber eröffnet sich die Chance, Lohnnebenkosten zu senken und ihre Mitarbeiter an das Unternehmen zu binden.

Fünf Wege führen zur Betriebsrente

Direktversicherungen sind Lebens- oder Rentenversicherungen, die der Chef für seinen Arbeitnehmer abschließt. Pensionskassen funktionieren wie Rentenversicherungen, sie unterliegen der Versicherungsaufsicht. Die Anlage in Pensionsfonds ist kapitalmarktorientiert. Das kann gute Rendite bringen, birgt aber auch erhöhte Risiken. Bei der Direktzusage verpflichtet sich der Arbeitgeber gegenüber dem Arbeitnehmer, Versorgungsleistungen zu erbringen, für die er bilanzielle Rückstellungen bilden muss. Eine Unterstützungskasse zahlt als Versorgungsunternehmen im Auftrag des Chefs die Leistungen. Bei Direktzusage und Unterstützungskasse sind Einzahlungen in unbegrenzter Höhe steuerfrei. Bei Pensionskassen, -fonds und Direktversicherungen sind Beiträge bis zu 4 Prozent der Beitragsbemessungsgrenze steuerfrei. Alle drei Varianten sind zudem riesterfähig.

Malus abgewendet?

Nur bis Ende 2008 soll die Sozialversicherungsfreiheit der Beiträge für die betriebliche Rente noch gelten. Doch Experten setzen auf eine Verlängerung der Freiheit. „Es kann nicht sein, dass auf Auszahlungen der betrieblichen Altersvorsorge der volle Kranken- und Pflegeversicherungssatz zu zahlen ist und damit Sozialabgaben doppelt erhoben werden“, so Klaus Stiefermann, Geschäftsführer der Arbeitsgemeinschaft für betriebliche Altersversorgung. Käme tatsächlich die befürchtete „Doppelverbeitragung“ – so der Fachterminus –, dann würde die Entgeltumwandlung für viele Arbeitnehmer unattraktiv.

Haftpflichtversicherung: ein Muss

Eine private Haftpflichtversicherung ist für alle zur Absicherung von Schadensersatzansprüchen ein unbedingtes Muss. Schließlich kann beispielsweise ein Feuer, das sich durch ein Versehen auf ein größeres Wohnhaus ausbreitet, den finanziellen Ruin bedeuten. Eine Privathaftpflichtversicherung gilt zudem weltweit. Die Haftpflichtversicherung ist eine Schadensversicherung. Die Haftpflicht, die Pflicht zum Ersatz des anderen zugefügten Schadens, ist gesetzlich festgelegt. Diese Schadensersatzpflicht gilt in unbeschränkter Höhe. Die Versicherungsgesellschaft verpflichtet sich gegenüber dem Versicherungsnehmer, den Schaden zu ersetzen, den der Versicherungsnehmer für ein während der Versicherungsdauer eintretendes Ereignis erleidet oder den er einem Dritten ersetzen muss. Dabei gehört es zu den Pflichten des Versicherten, die Ansprüche Dritter innerhalb einer Woche dem Versicherungsunternehmen mitzuteilen. Beispiel: Ein Fußgänger rutscht wegen Glatteis vor dem Haus des Versicherungsnehmers aus. In diesem Fall haftet der Versicherungsnehmer. Seine Haftpflichtversicherung reguliert den Schaden.
Grundsätzlich sind in einer privaten Haftpflichtversicherung – auch getrennt lebende – Ehepartner, unverheiratete Partner, minderjährige Kinder und auch unverheiratete volljährige Kinder,

solange sie noch in der Schul- oder ersten Berufsausbildung sind und bei den Eltern wohnen, mit versichert. All diese sollten aber auch im Versicherungsschein erwähnt werden. Zieht ein Paar zusammen und hat jeder eine eigene private Haftpflichtversicherung, dann sollte man die jüngere Police kündigen. Mit der Scheidung sollte ein Partner die Familienpolice übernehmen – am besten der mit den Kindern – und der andere schließt eine neue ab. Werden Kinder flügge, brauchen sie eigene Verträge.

Die Haftpflichtversicherung zahlt, wenn Eltern ihre Aufsichtspflicht verletzt haben!

Problem Aufsichtspflicht: Kinder unter sieben Jahre sind nicht schuldfähig. Hier haften die Eltern in jedem Fall für Schaden. Was bedeutet: Die Versicherung zahlt. Kinder ab sieben Jahre werden selbst für ihr Handeln zur Verantwortung gezogen. Stellen diese etwas an, muss die Versicherung nur zahlen, wenn die Eltern ihre Aufsichtspflicht verletzt haben. Doch gerade Eltern versuchen in solchen Situationen immer wieder zu beweisen, wie sehr sie sich bemüht haben, den entstandenen Schaden zu verhindern.

Eine private Haftpflichtversicherung deckt auch Schäden unter Verwandten und Angehörigen. Allerdings darf die Person nicht im Haushalt des Versicherten leben. Die Liste der Ausschlüsse aus der Haftpflichtversicherung ist lang. Einige Beispiele:

Ansprüche auf Gehalt, Ruhegehalt, Lohn und sonstige festgesetzte Bezüge, Haftpflichtansprüche aus Schäden infolge Teilnahme an Pferde-, Rad- oder Kraftfahrzeugrennen, Box- oder Ringkämpfen sowie der hierzu notwendigen Vorbereitungen oder Ansprüche aus allmählich entstehenden Sachschäden.

Private Berufsunfähigkeitsversicherung: leider teuer

Bereits jeder vierte deutsche Arbeitnehmer wird vor Erreichen des Ruhestands berufsunfähig. Berufsunfähigkeit bedeutet heutzutage oftmals den sozialen Abstieg. Der Staat greift nur noch in den seltensten Fällen unter die Arme, und die Leistungen sind seit Anfang 2001 stark reduziert. Bis Ende 2000 war die Absicherung der Berufsunfähigkeit in der gesetzlichen Rentenversicherung verankert: Konnte ein Versicherter seinem erlernten oder einem gleichwertigen Beruf nur noch zu weniger als 50 Prozent nachkommen, galt er als berufsunfähig und hatte Anspruch auf eine Berufsunfähigkeitsrente. Die seit 2001 in Kraft getretene Neuregelung sieht deutlich geringere Ansprüche vor. Da diese gewöhnlich nicht ausreichen, um den gewohnten Lebensstandard zu halten, ist der Abschluss einer privaten Berufsunfähigkeitsversicherung (BUZ) dringend zu empfehlen. Schließlich ist für die meisten die Arbeitskraft das wichtigste Kapital. Ihr Einkommen bedeutet für sie die Sicherung des Lebensunterhaltes. Deswegen ersetzt eine private Berufsunfähigkeitsversicherung in Form einer Monatsrente die Versorgungslücke zwischen der Absicherung aus der gesetzlichen Rente und dem eventuell vorhandenen Vermögen. Eine private Berufsunfähigkeitsversicherung wird für einen bestimmten Zeitraum abgeschlossen, indem bei Verlust der Arbeitskraft – egal ob durch Krankheit oder Unfall – eine monatliche Rente gezahlt wird, und zwar unabhängig von sonstigen Einkünften.

Auf der sicheren Seite mit einer BUZ

Versichert ist der zuletzt ausgeübte Beruf, der dabei nicht mit dem bei Vertragsabschluss gemeldeten Beruf identisch sein muss. Wird die Berufsunfähigkeit als voraussichtlich dauernd eingestuft, hat der Versicherte Anspruch auf die Leistungen der Versicherung. Dann überweist die Versicherungsgesellschaft die Berufsunfähigkeitsrente ab dem siebten Krankheitsmonat bis zum Ablauf der Versicherung. Die Höhe der Berufsunfähigkeitsrente hängt allein von der Höhe der Rente, die im Versicherungsvertrag vereinbart wurde, ab und nicht vom zuvor erzielten Einkommen.

Die fünf häufigsten Ursachen für Berufsunfähigkeit

Männer	
Psychische Erkrankungen	24,5 Prozent
Skelett, Muskeln, Bindegewebe	20,9 Prozent
Herz-, Kreislauferkrankungen	16,1 Prozent
Nervenkrankheiten	5,3 Prozent
Frauen	
Psychische Erkrankungen	35,5 Prozent
Skelett, Muskeln, Bindegewebe	19,3 Prozent
Herz-, Kreislauferkrankungen	16,1 Prozent
Krebs	7,2 Prozent
Nervenkrankheiten	6,4 Prozent

Quelle: VDR, Verbraucherzentrale NRW

Eine Berufsunfähigkeits-Zusatzversicherung (BUZ) kann nur in Verbindung mit einer Hauptversicherung, beispielsweise einer Risiko- oder Kapitallebensversicherung, abgeschlossen werden. Bei Berufsunfähigkeit entfällt dann die Beitragszahlung für Zusatz- und Hauptversicherung. Bei dieser Kombination ist allerdings zu bedenken, dass hierbei Geldanlage und Versicherung verknüpft werden. In finanziell schwierigen Zeiten, wenn die Beiträge nicht mehr vom Versicherten aufgebracht werden können, kann neben dem Versicherungsschutz Berufsunfähigkeit auch der für das versicherte Leben verloren gehen.
Sich früh gegen den Verlust seiner Arbeitskraft abzusichern bringt einen besseren Schutz und einen niedrigeren Beitragssatz. Doch ist eine private Berufsunfähigkeitsversicherung nicht gerade günstig. Trotzdem: Auch wenn Zuschläge zu zahlen sind, ist der Abschluss empfehlenswert, wenn Frauen (wieder) arbeiten und auf sich allein gestellt sind.

Wissen ist Macht

Sparbuch, Aktien oder Tagesgeldkonto?

Es gibt einige wenige ökonomische Grundmechanismen, die frau kennen und beherrschen sollte, weil sie unmittelbar Einfluss auf Finanzen haben. Ein einfaches, aber wirkungsvolles Hilfsmittel zur Bewertung von Geldanlagen ist dabei das so genannte Rendite-Dreieck. Prinzipiell lassen sich alle Anlageprodukte nach den drei Faktoren Liquidität, Sicherheit und Rendite beurteilen:

Faktoren für Anlageprodukte

Liquidität bedeutet: Ich kann schnell und einfach wieder über mein Geld verfügen.
Beispiele:

Tagesgeld	hohe Liquidität, da täglich verfügbar
Rentenversicherung	geringe Liquidität, da Auszahlung erst im Alter erfolgt

Sicherheit bedeutet: Wie sicher ist meine Anlage? Wie hoch ist das Risiko, dass ich mein Geld verliere?
Beispiele:

Bundesanleihen	hohe Sicherheit, da Bundesrepublik Gläubiger ist
Optionsscheine	hohes Verlustrisiko, da hoch spekulativ Rendite bedeutet: Welchen stetigen Ertrag bringt das Finanzprodukt?

Beispiele:

Bundesschatzbriefe	je nach Zinslage akzeptable Rendite

Immobilie in schlechter Lage	kaum Aussicht auf Wertsteigerung, sogar Verluste bei Wiederverkauf möglich

Dabei gibt es eine gegenseitige Abhängigkeit der drei Faktoren untereinander:

- ❑ Höhere Rendite bedeutet:
  - geringere Liquidität
  - geringere Sicherheit
- ❑ Höhere Liquidität bedeutet:
  - geringere Rendite
  - geringere Sicherheit
- ❑ Höhere Sicherheit bedeutet:
  - geringere Rendite
  - geringere Liquidität

Lang laufende Anleihen beispielsweise sind meist renditestärker als ein Sparbuch. Aktien sind weniger sicher als Bundesanleihen. Liquide bleibt man mit Tagesgeldkonten, Aktien und Investmentfonds, während sich eine Kapitallebensversicherung nur mit großen Verlusten vor Ablauf auflösen lässt.
Nach der Betrachtung der Finanzprodukte ist es sinnvoll, diese Dreieckskonstellation auf sich selbst anzuwenden. Denn Finanzprodukte passen umso besser zu Ihnen, je ähnlicher Ihr individuelles Anlegerprofil in diesen Aspekten dem Produkt ähnelt – besonders wenn einer der drei Faktoren dominieren sollte.
Beispiel: Wer liquide bleiben will, sollte beispielsweise nicht zu einer Rentenversicherung greifen, und wer Sicherheit schätzt, ist mit Optionsscheinen nicht gut bedient. Daher sollten Sie sich selbst zunächst hinsichtlich Liquiditätserfordernissen, Risiko-Belastbarkeit und Renditevorgabe einstufen und dies mit dem Profil des Produkts vergleichen. In vielen Fällen ist es möglich und sinnvoll, die drei Faktoren durch Mischung verschiedener Geldanlageprodukte angemessen zu berücksichtigen.

Um Ihr Anlegerprofil zu ermitteln, müssen Sie für sich festlegen, in welcher Reihenfolge Ihnen die drei Faktoren Liquidität, Sicherheit und Rendite wichtig sind.

Welcher Faktor ist Ihnen am wichtigsten?

In diesem Spannungsfeld bewegt sich jede Vermögensanlage

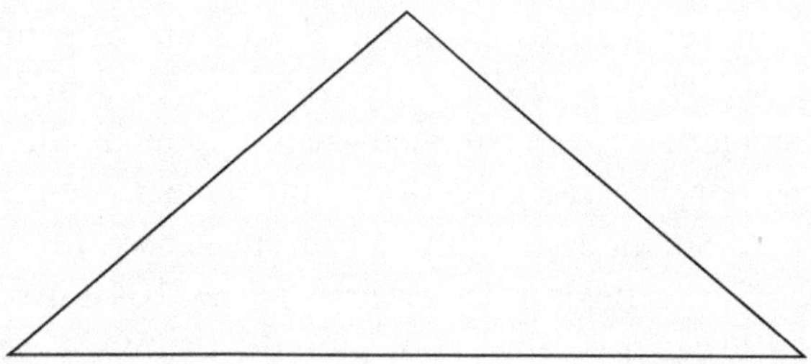

Und so einfach geht es: Bringen Sie für sich selbst die drei Faktoren Liquidität, Sicherheit und Rendite in die entsprechende Reihenfolge. Denken Sie sich ein Kreuz in die Dreiecksecke jenes Faktors, der Ihnen am wichtigsten ist. Rutschen Sie dann mit ihrer Bewertung zur für Sie zweitwichtigsten Eigenschaft und dann zur dritten. Dadurch ergibt sich der „Ort“ innerhalb des Dreiecks, der Ihr Profil markiert.

Zins und Zinseszins

Sicher in der Schule gelernt, aber wahrscheinlich wieder vergessen – dabei gehört der Zinseszins zu den eher angenehmen Begleiterscheinungen der Geldanlage. Zur Erinnerung:

- Zins: Der Zins hat zwei Seiten. Als Zins wird der Preis bezeichnet, den ein Schuldner für die befristete Überlassung von Geld zahlen muss (Beispiel: Kreditnehmer bei einem Baudarlehen). Oder der Zins, den ein Gläubiger für die Überlassung von Sparkapital erhält (beispielsweise von seiner Bank auf seinem Sparbuch).

Zauberwort: Zinseszins

- Zinseszins: Der Zinseszins nun ist ein Zins auf Zinsen. Wird der Zins einer Geldanlage wieder der Einlage zugeschlagen und erneut verzinst, so ist der in der darauf folgenden Sparperiode erzielte Ertrag der Zinseszins. Durch den Zinseszinseffekt steigern sich Vermögen also exponentiell, weil der Zuwachs von Periode zu Periode immer mehr steigt. Beispiel: Bekommen Sie im ersten Jahr 4 Prozent Zinsen für 100 Euro, so haben Sie zu Beginn des zweiten Jahres 104 Euro, die wieder mit 4 Prozent verzinst zu Beginn des dritten Jahres 108,16 Euro ergeben.

Jeder, der mit geringen Beiträgen zu einem Vermögen kommen möchte, hat zwei mächtige Verbündete: die Zeit und den Zins. Wer früh mit dem Sparen beginnt, erzielt beachtliche Summen. Der erste in einen Sparvertrag eingezahlte Euro ist der wichtigste, weil er länger arbeitet als alle folgenden. Das ist wie beim bekannten Schneeballeffekt. Denn die Zinsen werden wieder und wieder verzinst und summieren sich zu einem immer höheren Betrag. Deswegen ist es sinnvoll, so früh wie möglich mit dem Vermögensaufbau zu beginnen. Je früher man mit der Altersvorsorge anfängt, desto weniger muss man sich dafür einschränken. Denn während ein Einstieg in jungen Jahren noch mit geringen Beträgen möglich ist, wird der Aufwand bei späterem Einstieg immer größer, wenn Sie das gleiche Ergebnis erzielen wollen.

Spar-Beispiele

Sparrate:	200 Euro
Sparintervall:	monatlich
Zinssatz:	3 Prozent
Inflationsrate:	1 Prozent
Sparzeitraum:	10 Jahre
Wert:	
Eingezahltes Vermögen:	24.000,00 Euro
Vermögen nominal:	27.948,28 Euro
Vermögen inflationsbereinigt:	26.543,93 Euro

Sparrate:	200 Euro
Sparintervall:	monatlich
Zinssatz:	3 Prozent
Inflationsrate:	1 Prozent
Sparzeitraum:	20 Jahre
Wert:	
Eingezahltes Vermögen:	48.000,00 Euro
Vermögen nominal:	65.660,40 Euro
Vermögen inflationsbereinigt:	58.959,37 Euro

Sparrate:	200 Euro
Sparintervall:	monatlich
Zinssatz:	3 Prozent
Inflationsrate:	1 Prozent
Sparzeitraum:	30 Jahre
Wert:	
Eingezahltes Vermögen:	72.000,00 Euro
Vermögen nominal:	116.547,38 Euro
Vermögen inflationsbereinigt:	98.545,08 Euro

Gut zur Orientierung: das Terrassenmodell

Waren Sie schon mal in den Reisterrassen von Bali? Sicher haben Sie schon einmal den Lauf des Wassers von oben nach unten über terrassierte Ebenen beobachtet. Solche Terrassen haben tatsächlich etwas mit Geldanlage und Vermögensaufbau zu tun. Denn sie können als Metapher dafür dienen, wie Sie Ihre Finanzanlagen idealerweise aufbauen. Ihr Vermögensaufbau sollte vom Prinzip der Kurzfristigkeit in die Langfristigkeit fließen und terrassenförmig gestaltet sein. Wie Wasser über ein Reisfeld sollte das Geld vom Girokonto ab einem Höchstbetrag auf ein Tagesgeldkonto oder in einen Geldmarktfonds fließen, dann in kurz- und mittelfristige Anlagen wie offene Immobilienfonds, Bundesanleihen oder Rentenfonds und schließlich in die Langfristanlagen wie beispielsweise Aktien und Aktienfonds, Immobilien oder Rentenversicherungen.

Ein Aufbau Ihrer Finanzen nach dem Terrassenmodell hält Sie immer liquide und minimiert das Risiko, dass Sie Ihre Altersvorsorge zur Unzeit antasten müssen, wenn zwischendurch Geld gebraucht wird. Im Gegenteil: Sie haben den Überblick, wann Sie welche Investitionen tätigen können. Dabei ist es sinnvoll, so früh wie irgend möglich zu starten, so wie dies ja prinzipiell bei der privaten Altersvorsorge empfohlen wird. Das Ziel des Terrassenmodells ist, möglichst bald auf die vierte und unterste Terrasse zu gelangen.

Terasse 1

Sie starten beim Terrassenmodell auf Terrasse 1. Diese ist zuständig für den laufenden Zahlungsverkehr. Dies geschieht am sinnvollsten auf dem Girokonto. Hier sollten Sie flüssig sein, allerdings nicht zu viel Geld liegen lassen. Deswegen die Empfehlung: höchstens ein Nettogehalt.

Terasse 2

Was überfließt, gelangt auf Terrasse 2. In Geldmarkfonds oder Tagesgeld kommt Ihr Notgroschen, der zwei bis drei, aber nicht mehr Nettogehälter umfassen sollte. Dies ist Ihre Reserve für kurzfristige, auch ungeplante Ausgaben, vorübergehend können Sie auch höhere Geldsummen zwischenlagern.

Diese fließen aber besser in Terrasse 3. Hier sparen Sie für das an, was Sie mittelfristig zu erwerben planen. Dabei geht es um größere Ausgaben wie ein neues Auto oder einen Traumurlaub. Dazu sollten Sie sichere Finanzprodukte wie Bundesschatzbriefe, Rentenfonds oder offene Immobilienfonds einsetzen.. **Terasse 3**

Die Gelder Ihrer langfristigen Investitionen, wie die eigene Altersvorsorge, fließen in Terrasse 4 und auch alles das an Geldern, was Sie in den Terrassen 1 bis 3 nicht unterbringen. Als Anlageprodukte eignen sich Aktien, Aktienfonds, Kapitallebensversicherungen und Rentenversicherungen. **Terasse 4**

Das Terrassenmodell

- Terrasse 1:
  Für den laufenden Zahlungsverkehr
  Finanzprodukt: Girokonto
  Empfohlen: maximal ein Monatsgehalt
- Terrasse 2:
  Reserve für kurzfristige Ausgaben, vorübergehendes „Parken“ von höheren Geldsummen
  Finanzprodukte: Geldmarktfonds, Tagesgeld
  Empfohlen: maximal drei Monatsgehälter
- Terrasse 3:
  Für alle größeren Ausgaben, die Sie mittelfristig planen: ein neues Auto, Kapital für einen Immobilienerwerb oder die Existenzgründung
  Finanzprodukte: Bundesschatzbriefe, Rentenfonds, offene Immobilienfonds (die europaweit anlegen)
  Empfohlen: je nach Vorhaben – Eigenkapital für Immobilie, Kaufpreis eines PKWs
- Terrasse 4:
  Langfristanlage zum Vermögensaufbau und zur Altersvorsorge
  Finanzprodukte: Aktien/Aktienfonds, Immobilien, Kapitallebens- und Rentenversicherungen
  Empfohlen: alles, was über die Terrassen 1 bis 3 fließt

Besitzen Sie bereits langfristige Anlagen wie beispielsweise Kapitallebens- oder Rentenversicherungen, ohne die vorhergehenden Stufen komplett zu haben, bietet es sich allerdings an, nun zunächst die vorherigen Terrassen aufzufüllen. Langfristig bindende Verträge sollten Sie auch zur Altersvorsorge nur abschließen, wenn Sie sich langfristig binden können. Ist das nicht sicherzustellen, müssen Sie flexible Strategien verfolgen. Prinzipiell sollten flexible Produkte die Regel und starre die Ausnahme sein.

z.B

Beispiel: Familie Schmidt

- Terrasse 1:
  Auf dem Girokonto hält die Familie für regelmäßige Daueraufträge, Rechnungen, Barabhebungen und Kreditkartenabzüge 500 Euro.
- Terrasse 2:
  Als Notgroschen verfügt Familie Mustermann über einen Geldmarktfonds. Hier werden 5.000 Euro monatlich verzinst.
- Terrasse 3:
  Der große Traum der Familie ist ein eigenes Häuschen. Um das nötige Eigenkapital zusammenzubekommen, spart sie regelmäßig monatlich 300 Euro in Bundesschatzbriefe. Noch fehlen der Familie 15.000 Euro.
- Terrasse 4:
  Ist noch nicht in Betrieb. Die Familie plant, in vier Jahren, nach Einzug in die eigene Immobilie, in Langfristanlagen zu gehen.

Wenn Sie sich konsequent von den kurzfristigen, also liquiden, in die langfristigen Anlageformen vorarbeiten, erzielen Sie eine stabile und an den Lebenslauf angepasste Vermögensentwicklung. Denn das Terrassenmodell funktioniert für jedes Alter: Junge Menschen mit eher geringem Einkommen müssen flexibel bleiben, um auf die kommenden Veränderungen im Lebensverlauf regieren zu können. Das „Mittelalter“ ist sicher schon auf Terrasse 3 angekommen und kann die 4 in Angriff nehmen. Und auch die Älteren sind beim Terrassenmodell richtig. Sie profitieren von den Anlagen, die sie zuvor auf Ebene 4 tätigten, und transferieren ihr Vermögen in die Terrassen 2 und 3 zurück.

Frauen bevorzugen solide Geldanlagen

Sicherheit geht vor

Eine Allensbach-Studie bestätigt: Wichtig ist den Frauen beim Sparen die Sicherheit. Frauen gehen anders an Geldanlagen heran. Sie sind vorsichtiger. Und das nicht nur in Deutschland.
Die Ergebnisse des Investmentbarometers zur Vermögenssituation von Privatanlegern in Europa und den USA zeigen es deutlich: Sowohl in Europa als auch in den USA bevorzugen Frauen allgemein risikoärmere Sparanlagen als Männer. Das Investmentbarometer liefert halbjährlich Daten zu Einstellungen und Verhalten von Privatanlegern in Europa und den USA. Durchgeführt wird die Studie von GfK Custom Research Worldwide im Auftrag von The Wall Street Journal Europe.

Geschlechterunterschiede: Männer stärker engagiert

Altersvorsorge-Maßnahmen von Frauen und Männern in Prozent

Lebensversicherungen	Frauen 25,9
	Männer 29,2
Immobilien, Wohneigentum	Frauen 18,7
	Männer 19,9
Sparpläne	Frauen 12,2
	Männer 13,7
Private Rentenversicherung	Frauen 10,4
	Männer 10,7

Investmentfonds	Frauen 4,2
	Männer 5,3
Aktienfonds	Frauen 3,9
	Männer 5,4
Aktien, Firmenanteile	Frauen 2,2
	Männer 4,0
Festverzinsliche Wertpapiere	Frauen 2,6
	Männer 3,3

Quelle: TdW Intermedia 2003/04

Frauen sind risikoscheuer als Männer

Bei der Geldanlage sind nach den Ergebnissen des Investmentbarometers Frauen vorsichtiger als Männer. Dies zeigen die Antworten auf die Frage, wie sie frei verfügbare 50.000 Euro (Zentral- und Osteuropa: 25.000 Euro) auf verschiedene Anlageformen verteilen würden. Knapp 30 Prozent der Westeuropäerinnen sprechen sich für Spareinlagen aus, unter den Männern nur 24 Prozent. Umgekehrt sieht es bei Aktien oder aktienbasierten Fonds aus. Während diese Anlageform nur für 10 Prozent der Westeuropäerinnen die erste Wahl ist, bevorzugen diese 16 Prozent der männlichen Sparer in Westeuropa. Auch in den USA zeigen sich die Frauen im Vergleich zu den Männern in Fragen der Geldanlage risikoscheuer. Knapp jede fünfte Amerikanerin würde beim Geldanlegen auf Nummer sicher gehen und in Sparanlagen investieren, während nur etwa jeder achte Mann diese Anlageform bevorzugt. Allerdings rangieren in den USA im Gegensatz zu Europa bei beiden Geschlechtern nach wie vor börsennotierte Papiere auf Platz eins der beliebtesten Anlageformen: Mehr als jeder dritte amerikanische Mann würde Geld in Börsenpapiere investieren, unter den Frauen rund jede Fünfte.

Was ist riskant?

Nach einer Untersuchung von Union Investment betrachten Deutsche Geldanlagen grundsätzlich mehr unter dem Risiko- als unter dem Chancenaspekt. Dies trifft für Frauen noch eindeutiger zu als für Männer. Sicherheit siegt deutlich vor Ertrag. So betrachten 42 Prozent der Befragten eine Anlage bereits als riskant, wenn auch nur die Möglichkeit eines Verlustes besteht.
Frage: Riskant ist eine Anlageart für mich schon dann, wenn allein die Möglichkeit eines Verlustes besteht.
Zustimmung der Frauen: 46 Prozent
Zustimmung der Männer: 38 Prozent

Sicherheit geht vor Ertrag

Frauen agieren bei Finanzanlagen offensichtlich vorsichtiger, weil sie – dies bestätigen die vorliegenden Ergebnisse ebenfalls – über weniger Privatvermögen verfügen als Männer. Während 18 Prozent der westeuropäischen männlichen Sparer angeben, über mehr als 50.000 Euro Vermögen zu besitzen, bejahen dies lediglich 11 Prozent der Frauen. In der Bildung von Privatvermögen sind die Schweizerinnen Spitzenreiter in Europa. Drei von zehn geben an, mehr als 50.000 Euro zu besitzen. Das Gleiche gilt für vier von zehn Männern. Ein beachtliches Vermögen haben auch US-Amerikaner gebildet, von denen die Hälfte der männlichen Sparer angibt, aktuell Anlagen von über 50.000 US-Dollar zu besitzen. Bei den US-Frauen verfügen mehr als ein Drittel über diese Summe. Am Ende des Rankings der Besitzer von Vermögenswerten in Westeuropas befinden sich leider deutsche und österreichische Frauen. Lediglich 5 Prozent der deutschen und österreichischen Anlegerinnen verfügen derzeit über mehr als 50.000 Euro Vermögen. Noch schlechter stehen die Bürgerinnen Zentral- und Osteuropas da. Nur 1 Prozent von ihnen gibt an, ein Anlagevermögen von über 25.000 Euro zu besitzen. Für eine Vergleichbarkeit der Ergebnisse wurde für zentral- und osteuropäische Länder der Wert von 50.000 auf 25.000 Euro reduziert.

Frauen besitzen weniger Vermögen

Frauen legen ihr Geld sicherer an

Die Frage an Westeuropäer: Wenn Sie 50.000 Euro hätten – wie würden Sie diese anlegen? Es antworteten:

- Aktien
  Frauen 5 %
  Männer 9 %
- Aktienbasierte Fonds
  Frauen 5 %
  Männer 7 %
- Anleihen
  Frauen 7,5 %
  Männer 8 %
- Sparanlagen
  Frauen 29 %
  Männer 24 %
- Lebensversicherungen
  Frauen 6 %
  Männer 6 %

Quelle: gfk/WSJE

Frauen müssen also sicherheitsbewusster sein, weil sie häufig über geringere finanzielle Möglichkeiten verfügen. Für sie sind Sicherheitsaspekte entscheidend bei der Geldanlage. Dabei ist es – entgegen dem Rat vieler Banken und Finanzdienstleister – nicht falsch, auf Sicherheit zu gehen. Allerdings sollten Renditeaspekte ebenfalls beachtet werden. Entscheidend ist: Geldanlagen sind nicht speziell männlich oder weiblich – sie sind für alle gleich. Sie sind aus verschiedenen Erwägungen heraus für einige mehr oder weniger geeignet.

„Verspar"-Republik?

Nutznießer des aktuellen und zukünftigen Altersvorsorge-Booms ist die Finanzdienstleistungsbranche: die Banken, die Versicherungen, die Investmentfondsgesellschaften, die Vermögensverwalter und Berater. Sie reagiert darauf mit Unmengen von Studien und Umfragen zur Altersvorsorge der Deutschen. Diese inflationäre Beschäftigung kann man auch als „Sargklappern" deuten – ein alter und – zugegeben – auch wirksamer Vertriebstrick der Versicherungs- und Finanzbranche. Doch: Das kann die Betroffenen auch nerven.

„Sargklappern"

Dass wir Deutschen tatsächlich zu wenig anlegen, das haben wir schon in vorhergehenden Kapiteln aufgezeigt. Nun kommen aber auch vermehrt Umfragen und Untersuchungen auf den Markt, die uns auch noch weismachen wollen, dass wir falsch anlegen würden. Will sagen: zu vorsichtig. Das posaunen vor allem die heraus, welche die (etwas) risikoreicheren Produkte verkaufen wollen. Wie die Fondsgesellschaft Fidelity.

Unter www.einfach-investieren.de findet sich auch die Wortschöpfung: DIE VERSPAR-REPUBLIK DEUTSCHLAND. Die Erläuterung dazu lautet: Was die Deutschen beim Geldanlegen falsch machen und warum die Deutschen sich dadurch täglich 75 Millionen Euro entgehen lassen.

Und das meint die Postbank

Selbstverständlich hat auch die Postbank eine Studie zum Thema vorgelegt: Ihr Credo: Deutsche sorgen falsch fürs Alter vor. Die Deutschen tun nicht zu wenig für die private Altersvorsorge, sie tun das Falsche. Insgesamt legten die deutschen Haushalte jedes Jahr 100 Milliarden Euro für ihr Alter auf die hohe Kante und damit 6 Prozent ihres verfügbaren Einkommens. Über 22 Prozent der Gelder für die Altersvorsorge flössen in Sparprodukte und Termineinlagen. Diese Produkte seien aber nur bedingt für die Altersvorsorge geeignet. Sie böten zwar eine hohe Verfügbarkeit der Ersparnisse, für die Altersvorsorge sei eine gute Rendite aber wichtiger als die Verfügbarkeit. Soweit die Postbank.

In der Finanzwelt wird gerne der Begriff „Anlagementalität“ bemüht. Gemeint ist damit die Risikobereitschaft des Einzelnen. „Wer wagt, gewinnt (vielleicht auch nicht)“ oder „Auf Nummer sicher“ sind hier die Gegenpole der Geldanlage. Doch nicht jeder kann sich Risiko tatsächlich leisten. Deswegen hier die lebensnahe Definition der Anlagetypen konservativ, progressiv, risikobewusst.

- *konservativ*: Eigentlich gehören die meisten in diese Gruppe. Wer monatlich gerade so mit seinem Geld über die Runden kommt, kann es sich einfach nicht leisten, eine große Summe in den Sand zu setzen. Wer wenig hat, muss damit besonders sorgfältig umgehen, also die konservative und sichere Geldanlage bevorzugen.
- *progressiv*: Der nächste Schritt: Wenn man schon Sparanlagen hat, den Sparerfreibetrag ausschöpft und mittel- wie langfristig anspart, dann kann man sich neuen Investments zuwenden. Man kann – mit dem nötigen Know-how – mehr wagen.
- *risikobewusst*: Man kann es sich leisten. Der monetäre Grundstock für ein finanziell sorgenfreies Leben ist gelegt. Es wird gut verdient. Auch an die Altersvorsorge ist gedacht. Und mit dem nötigen Wissen kann man auch auf Risiko gehen.

Zu bedenken ist dabei: Je weniger Geld Sie zur Verfügung haben, desto besser sollten Sie es nutzen. Darum müssen Sie strategisch vorgehen, kritisch prüfen, was Sie schon an Finanzarrangements und -anlagen haben, Ihre jeweilige Konstellation durchdenken, den persönlichen Handlungsbedarf erkennen, zuletzt entscheiden und den Entschluss umsetzen.

Sicherheit vor Gewinnmaximierung

Nach einer von der Raiffeisenlandesbank NÖ-Wien in Auftrag gegebenen repräsentativen Befragung der Österreicherinnen über 14 Jahre weisen 86 Prozent der Frauen die Vorstellung, dass Männer besser mit Geld umgehen können, von sich. Bei den Frauen steht das Thema Sicherheit ganz weit oben: Zwei Drittel oder 64 Prozent der Frauen geben an, dass für sie bei der Geldanlage die Sicherheit wichtiger ist als der Gewinn. Je älter die Frauen sind, desto eher denken sie an Sicherheit: 68 Prozent der Frauen über 50 Jahre und 57 Prozent der Frauen bis 30 Jahre bejahen diese Frage. Auch das Bildungsniveau ist ein Differenzierungsmerkmal: 75 Prozent der Frauen mit Pflichtschulabschluss geben an, bei der Geldanlage die Sicherheit über den Gewinn zu stellen. Unter den Frauen mit Matura oder Universitätsabschluss sind das mit 52 Prozent nur etwas mehr als die Hälfte.

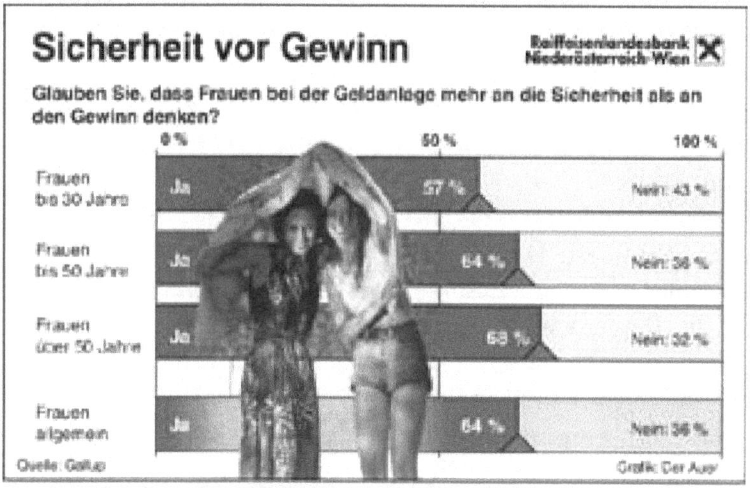

Interview mit Ökonomieprofessorin Renate Schubert

Untersuchungen der ETH Zürich zufolge sind Frauen zurückhaltender, wenn sie Gewinne machen können, aber auch aktiver in der Vermeidung von Risiken. Sie halten ihre Positionen länger, Männer dagegen neigen zum Traden. Sie pflegen, was alle Experten Privatanlegern raten: eine eher langfristige Perspektive.

Sie haben das Entscheidungsverhalten von Frauen und Männern bei der Geldanlage experimentell untersucht. Sind Frauen grundsätzlich risikoscheuer?

Weiblicher Pessimismus

Renate Schubert: Unsere Experimente zeigen, dass man nicht generell sagen kann, dass Frauen immer risikoscheuer als Männer sind. Es kommt vielmehr auf die Rahmenbedingungen der Entscheidungen an. Beispielsweise haben wir festgestellt, dass Frauen bei konkreten Investitionsproblemen tendenziell risikoscheuer sind, als wenn man die gleiche Frage als abstrakte Spielsituation formuliert. Bekannt ist, dass Männer und Frauen generell die Wahrscheinlichkeit für höhere Gewinne eher unterschätzen. Wir haben herausgefunden, dass dieser Effekt bei Frauen erheblich stärker als bei Männern ist. Dieser weibliche Pessimismus hat zur Folge, dass sich Frauen Gewinnmöglichkeiten mit einer hohen Eintrittswahrscheinlichkeit eher durch die Lappen gehen lassen.

Bringt dieses Verhalten der Frauen als positiven Nebeneffekt auch weniger Verluste mit sich?

Renate Schubert: Das lässt sich so nicht sagen. Wir haben im Experiment Gewinne und Verluste getrennt untersucht. Es zeigte sich die Tendenz, dass Frauen bei Verlusten realistischere Wahrscheinlichkeitseinschätzungen haben als bei Gewinnen und im Verlustbereich auch etwas risikofreudiger sind. Es sind hauptsächlich die Gewinne mit hohen Eintrittswahrscheinlichkeiten, welche den Frauen besondere Probleme bereiten.

Frauen haben für gewöhnlich niedrigere Einkommen, was eine kleinere Rente im Alter zur Folge hat. Kombiniert mit einer höhe-

ren Lebenserwartung könnten gerade Frauen die Gewinne brauchen.

Renate Schubert: Ja, wenn man den Faden weiterspinnt und die Ergebnisse unseres Experiments in die Realität überträgt, bedeutet dies, dass Frauen vor allem wenig riskante Finanzanlagen tätigen. Finanzanlagen mit kleinen Risiken bringen relativ geringe langfristige Erträge mit sich. Vor dem Hintergrund von im Durchschnitt tieferen Einkommen und einer höheren Lebenserwartung der Frauen dürfte die wirtschaftliche Situation mancher älteren Frau künftig schwierig werden. Es wäre deshalb wünschenswert, dass Frauen ihr Anlageverhalten im Hinblick auf Rendite und Risiko optimieren.

Was sehen Sie für einen Lösungsansatz?

Renate Schubert: Unsere Experimente sollen helfen, Ursachen für das unterschiedliche Anlageverhalten von Frauen und Männern aufzudecken. Eine wichtige Rolle für das risikoscheuere Verhalten der Frauen scheint die Information zu spielen. Wir haben festgestellt, dass Frauen dann besonders risikoscheu agieren, wenn sie sich schlecht informiert fühlen. Ganz anders verhalten sich Männer, die im Sinne eines Glückspiels gerade auch bei schlechter Information einmal etwas wagen. Deshalb werden Männer durch die so genannte „Overconfidence" charakterisiert. Hiermit ist ein übersteigerter Optimismus gemeint. Männer glauben vielfach, sie wüssten schon, wie die Finanzmärkte funktionieren, und legen ihr Geld auch bei objektiv schlechtem Informationsstand „mutig" an. Frauen sind da rationaler und studieren schon mal eingehender die Geschäftsberichte der Firmen. Deshalb ist ein Ansatzpunkt sicherlich der, dafür zu sorgen, dass Frauen mehr Kenntnisse über Finanzanlagen und mehr Erfahrung mit Finanzmärkten erlangen. Sobald sie sich sicherer fühlen, werden sie sich auf riskantere und dadurch langfristig ertragreichere Anlagen einlassen können.

Wie sieht das konkrete Anlageverhalten der Frauen aus. Gibt es Unterschiede zum männlichen Anleger?

Renate Schubert: Einerseits ist der Risikograd der Portfolios der

Frauen geringer. Andererseits gibt es auch Strukturunterschiede, Frauen entscheiden sich seltener für Aktien als Männer. Wenn sie aber Aktien wählen, bevorzugen sie Firmen aus dem Bereich der Konsumgüter und eher ökologisch orientierte Firmen. Man spricht in dem Zusammenhang auch von „Girl's stocks" und „Boy's stocks". Die Männer investieren eher in Technologiefirmen.
Renate Schubert ist Leiterin des Instituts für Wirtschaftsforschung an der ETH Zürich.

Frauen sind anders – das zeigen auch die verschiedenen Geldanlagen

Haben Sie ...

	Frauen	Männer
Sparbuch/Sparkonto	74 %	76 %
Sparbriefe	10 %	14 %
Sparvertrag/Sparplan	16 %	18 %
Riester-Sparplan	2 %	4 %
Bausparvertrag	23 %	29 %
Goldbarren u. and. Edelmetalle	4 %	4 %
Kunst, Antiquitäten	3 %	3 %
Lebensversicherung	47 %	49 %
Immobilien	29 %	31 %
Festgeld/Termingeldkonto	8 %	11 %
Geldmarkt/Tagesgeldkonto	9 %	10 %
Geldmarktfonds	1 %	2 %
Geschlossene Fonds	3 %	5 %
Offene Immobilienfonds	2 %	4 %

Gemischte Fonds	5 %	6 %
Rentenfonds	5 %	5 %
Sonst. Investmentfonds	5 %	9 %
Festverzinsliche Wertpapiere	5 %	6 %
Aktien	5 %	11 %
Aktienanleihen	2 %	5 %
Anlagezertifikate	3 %	8 %
Hebelzertifikate	1 %	2 %
Optionsscheine	1 %	1 %
Terminkontrakte	0 %	1 %
Aktienfonds	7 %	12 %
Nichts davon	13 %	10 %

Quelle: Studie Deutsches Aktieninstitut 2005

Der Hype um die Riester-Rente

Der frühere Bundesarbeitsminister Walter Riester, dessen Nachname mittlerweile untrennbar mit der Rentenreform 2001 verknüpft ist, wird zumindest durch eine Novität in die Geschichte der gesetzlichen Rentenversicherung eingehen: Zu dem alten Umlageverfahren kam der Einstieg in die private kapitalgedeckte Altersvorsorge, in welche die Rentenversicherten zusätzlich eigenes Kapital einzahlen. Die Riester-Rente soll als private Altersvorsorge die gesetzliche Rente ergänzen und damit helfen, das Rentenniveau hoch und die Beiträge moderat zu halten. Denn das allgemeine Rentenniveau – so die Darstellung der Bundesregierung – sank von 70 auf 67 Prozent des Nettoeinkommens. Dabei ist die neue Privatvorsorge freiwillig – niemand wird zu dieser Form der zusätzlichen Altersvorsorge gezwungen. Wer nicht mitmacht, bekommt später weniger. Wer sich jedoch dazu entschließt, wird vom Staat durch finanzielle Zuschüsse oder Steuervorteile gefördert.

Dieser eigentliche Grund für die so genannte Riester-Rente wird aktuell gern vergessen. Denn schließlich beschaffen sich Riester-Sparer nur einen Ersatz für schon gestrichene Rente – deswegen versucht „Vater Staat“, uns – und besonders uns Frauen – mit Geldgeschenken zu locken. Doch: Diese Gabe sollten wir uns nicht nehmen lassen, zumal es für unsere Kinder noch etwas obendrauf gibt.

Riester-Rente: frauenfreundlich

Denn: Der Gesetzgeber hat die Riester-Rente frauenfreundlich gestaltet: Wenn beispielsweise eine nicht berufstätige Frau einen solchen Vertrag abschließt, bekommt sie eine Grundzulage. Mütter bekommen für jedes Kind neben der eigenen Grundzulage eine Extra-Zulage vom Staat. Voraussetzung ist, dass der Ehemann selbst in eine eigene Riester-Rente einzahlt. Der Vorteil der Riester-Rente ist die Sicherheit. Denn es ist gesetzlich festgelegt, dass mindestens die eingezahlten Beiträge zu Beginn der Rente zur Verfügung stehen. Für die meisten Arbeitnehmer ist die Riester-Rente sinnvoller als andere Anlageformen der privaten Altersvorsorge. Besonders für Familien und Frauen mit geringerem Einkommen lohnt sich die Riester-Rente, denn ein großer Teil der Sparsumme besteht dann aus staatlichen Zulagen. Doch auch für Singles und Besserverdienende ist ein Riester-Vertrag lukrativ, weil die Beiträge auf jeden Fall steuerfrei gestellt werden und die spätere Besteuerung der Riester-Rente zu einem meist niedrigeren Steuersatz erfolgt. Durch eine Riester-Rente lässt sich schon mit geringen Beiträgen ein kleines Vorsorgevermögen bilden, das übrigens „Hartz-IV sicher“ ist.

Mittlerweile ein Renner

Nach sehr zögerlichen Anfängen mutierte die Riester-Rente zum Absatzrenner. Bislang gibt es (Stand Mitte Mai 2006) 6,2 Millionen Riester-Sparer. Allein im Jahre 2005 gab es 1,5 Millionen Abschlüsse. Und im ersten Quartal 2006 entschlossen sich mehr als 570.000 Bürgerinnen und Bürger neu für das Altersvorsorge-

sparen mit der Riester-Rente. Der Trend zur staatlich geförderten privaten Zusatzvorsorge setzt sich damit nochmals beschleunigt fort.
Der Löwenanteil bei der Riester-Vorsorge entfällt auf geförderte Verträge über eine private Rentenversicherung. Allerdings ist der prozentuale Anstieg der Fondssparpläne noch stärker ausgefallen.

Wachstumsschub

Bestand förderfähiger Lebensversicherungen in Millionen

2002: 2,94
2003: 3,35
2004: 4,36
2005: 5,49

Bestand förderfähiger Riester-Fonds-Verträge in Tausend

2002: 174
2003: 241
2004: 316
2005: 574

Quelle: GdV/BVI

Wie sich die geförderte private Vorsorge entwickelt hat, zeigt ein Blick auf die Entwicklung der von der Zentralen Zulagenstelle für Altersvermögen ausbezahlten Zulagen. Zum Auszahlungsstichtag 15. Mai 2006 flossen rund 315,5 Millionen Euro an Grundzulagen und Kinderzulagen auf die Zulagenkonten der Riester-Sparer. Mit einer Gesamtauszahlung von rund 932 Millionen Euro näherte sich die Zentrale Zulagenstelle für Altersvermögen damit der Einmilliardengrenze.

Wer wie gefördert wird

Mittlerweile hat die Riester-Rente die dritte Förderstufe erreicht. Wer ab 2006 3 Prozent des unversteuerten Bruttoeinkommens für die Riester-Rente verwendet, der erhält vom Staat 114 Euro. 2004 und 2005 waren es 76 Euro gewesen. Und von 2008 an gibt es für die Sparsumme von 4 Prozent des Einkommens 154 Euro.

Anstieg in Zwei-Jahres-Schritten: Die Grundzulage beträgt pro Jahr

in den Jahren 2006 und 2007	114 Euro
ab dem Jahr 2008	154 Euro

Das sind die Jahreszulagen, die jedem gesetzlich Rentenversicherten zustehen. Dabei gibt es keine geschlechtsspezifischen Unterschiede in der Förderung. Die Zulagen sind für Männer und Frauen gleich. Der Staat unterscheidet bei der Riester-Rente auch nicht nach neuen und alten Bundesländern. Unerheblich ist zunächst, ob man verheiratet ist oder nicht. Denn auch bei Ehepaaren müsste jeder einen eigenen Vertrag abschließen. Ein gemeinsamer ist nicht möglich. Denn jedem steht grundsätzlich die staatliche Förderung getrennt zu. Also müssen auch zwei Verträge abgeschlossen werden.
Der Ehestatus wird nur dann wichtig, wenn der Ehepartner eines gesetzlich Rentenversicherten nicht über die gesetzliche Rentenversicherung versichert ist. Über die Ehebeziehung steht dann auch dieser Person die staatliche Grundzulage zu. Dann erhalten nicht berufstätige Hausfrauen oder -männer die vollen Zulagen, wenn ihr rentenversicherungspflichtiger Ehepartner den jeweiligen Mindesteigenbetrag anlegt. Dabei müssen aber beide Ehepartner eigenständige Altersvorsorge-Verträge abschließen.

Finanzspritze für Eltern

Wer Kinder hat, wird von der Riester-Rente begünstigt. Denn für jedes Kind gibt es eine Kinderzulage, die höher als die Grundzulage ist. Auch hier gibt es gestaffelte Zuschüsse. Damit sollen vor allem Eltern unterstützt werden, die üblicherweise weniger für ihre Altersvorsorge tun können. Aktuell erhalten Eltern pro Kind 138 Euro.

Familie geht vor: Die Kinderzulage beträgt pro Jahr

in den Jahren 2006 und 2007	138 Euro
ab dem Jahr 2008	185 Euro

Kinderzulage für den, der das Kindergeld erhält

Die Kinderzulage gibt es nur dann, wenn auch der Anspruch auf Kindergeld vorhanden ist. Die Zulage wird dabei grundsätzlich nur einem Elternteil gewährt. Und zwar demjenigen Partner, an den das Kindergeld auch tatsächlich ausgezahlt wird. Je mehr Kinder Sie haben, für die Sie Kindergeld erhalten, desto sinnvoller ist es für Sie, die Riester-Förderung zu nutzen. Und das ist auch innerhalb einer betrieblichen Altersversorgung möglich.
Ab 2008 ist mehr geplant: Für Kinder, die ab 2008 geboren werden, ist eine jährliche Kinderzulage für die Riester-Rente von 300 Euro geplant. Damit soll die Riester-Rente besonders für junge Familien noch attraktiver werden.

!

Die Riester-Rente ist seit 2006 durch das Erreichen der dritten Förderstufe lukrativer. Wer 2006 3 Prozent seines Vorjahreseinkommens einzahlt, erhält eine Grundzulage von 114 Euro sowie eine Kinderzulage von 138 Euro für jedes kindergeldberechtigte Kind. Außerdem können maximal 1.575 Euro als Sonderausgaben bei der Einkommensteuer geltend gemacht werden.

z.B

Eine Familie mit zwei Kindern erhält im Jahr 2006 Zulagen in Höhe von insgesamt 504 Euro, wenn beide Ehegatten einen Vertrag abschließen: zwei Grundzulagen von 114 Euro gleich 228 Euro plus zwei Kinderzulagen von 138 Euro gleich 276 Euro.

Wichtig: der Mindesteigenbeitrag

Um die genannten staatlichen Zuschüsse zu bekommen, muss jeder einen so genannten Mindesteigenbeitrag leisten. Dieser beträgt

- in den Jahren 2006 und 2007 3 Prozent,
- ab dem Jahr 2008 jährlich 4 Prozent

des Bruttogehaltes im letzten Jahr. Dieser Mindesteigenbeitrag ist die staatliche Empfehlung. An dieser orientiert sich die staatliche Zulage. Wenn man diesen Eigenbetrag voll erfüllt, dann bekommt man auch die Zuschüsse vollständig. Wer allerdings den Mindesteigenbeitrag nur teilweise leistet, dem wird die Zulage nach dem Verhältnis der Altersvorsorgebeiträge zum Mindesteigenbeitrag gekürzt. Das bedeutet, dass 60 Prozent des Mindesteigenbeitrages nur 60 Prozent der zustehenden Zulagen bringen.

Ehepaare können profitieren

Um in den Genuss der doppelten staatlichen Förderung zu kommen, müssen die Ehepartner nicht gemeinsam zur Einkommensteuer veranlagt werden, sie müssen aber die Voraussetzungen für eine gemeinsame Veranlagung erfüllen. Das heißt: Beide müssen ihren Wohnsitz oder gewöhnlichen Aufenthalt in Deutschland haben und nicht dauernd getrennt leben. Durch die Riester-Rente entstehen für Ehepaare verschiedene Gestaltungsmöglichkeiten.

Riester-Szenarien für Verheiratete:

Beispiel Ehepaar 1:
Nur einer der beiden Partner ist gesetzlich rentenversichert. Der andere kümmert sich um den Haushalt. Beide können die Zulage erhalten, wenn sie jeweils einen eigenen Vertrag abschließen. Dann erhalten nicht berufstätige Hausfrauen oder -männer die vollen Zulagen, wenn ihr rentenversicherungspflichtiger Ehepartner seinen Mindesteigenbetrag anlegt. Der nicht arbeitende Partner muss dann für die Riester-Rente keinen Cent zahlen. Ein Geschenk des Staates.
Aber bitte dabei beachten: Sollte es zur Scheidung kommen, wird der soeben noch Beschenkte zum Gelackmeierten. Denn mit der Scheidung endet nicht nur die staatliche Förderung. Man muss auch die Zulagen der letzen Jahre wieder zurückzahlen.

Beispiel Ehepaar 2:
Beide Ehepartner gehen einer versicherungspflichtigen Tätigkeit nach. Um die Zulage zu erhalten, muss jeder von ihnen einen auf seinen Namen lautenden Altersvorsorgevertrag abschließen. Der Mindesteigenbeitrag, den sie im Jahr einzahlen müssen, richtet sich nach ihren beitragspflichtigen Vorjahreseinkommen. Damit also jeder der beiden im Jahr 2004 seine höchstmögliche Grundzulage von 76 Euro erhält, müssen beide mindestens 2 Prozent ihres beitragspflichtigen Einkommens einzahlen.

Beispiel Ehepaar 3:
Natürlich müssen nicht beide Ehepartner einen Altersvorsorgevertrag abschließen. Wenn etwa einer der beiden meint, dass sich für ihn die staatliche Förderung nicht lohnt, kann der andere dennoch sparen. Im Einzelfall kann das sogar durchaus attraktiv sein. Besonders dann, wenn die Frau ein oder mehrere Kinder hat und die Kinderzulagen dann mit in ihre Altersvorsorge einbauen kann.

Besonders interessant ist die Rentenreform, wenn die Frau – wegen ihres geringen Einkommens – nur einen kleinen Sockelbetrag leisten muss. Das kann dazu führen, dass die Ehefrau nur den Sockelbetrag einzahlen muss und dafür vom Staat eine Grundzulage von 76 Euro plus zwei Kinderzulagen von je 92 Euro erhält.
Die Grundzulage, die dem Mann zustehen würde, verfällt natürlich, wenn er selbst keinen Altersvorsorgevertrag abschließt.

Seit 2005 gibt es eine echte Erleichterung: Das bürokratische Verfahren wurde vereinfacht, so müssen die Zulagen nicht mehr jährlich beantragt werden, sondern es genügt ein so genannter Dauerantrag für die gesamte Förderdauer. Nur wenn sich Wesentliches in der Einkommens- und Familiensituation ändert, müssen diese Veränderungen angezeigt werden.

Riester-Rente auch für Selbstständige, Unternehmer und Beamte

Die Partnerförderung der Rentenreform verhilft durch die Hintertür auch jenen zu einer Riester-Rente und staatlichen Zulagen, die eigentlich mit der gesetzlichen Altersversorgung nichts zu tun haben. Dies sind vor allem Selbstständige, Freiberufler und Beamte. Einzige Voraussetzung: Der Ehepartner muss rentenversichert sein und seinen Eigenbeitrag in die Riester-Rente einzahlen.
Da die Förderfähigkeit allein am Merkmal „Ehepartner eines Pflichtversicherten" anknüpft, bekommen eben nicht nur die nicht erwerbstätigen Hausfrauen, sondern auch all jene Frauen und Männer die staatliche Förderung, die selbstständig oder verbeamtet sind. Einzige Voraussetzung: Der Ehepartner muss in der Rentenversicherung pflichtversichert sein.

Für wen sich die Riester-Rente lohnt

Geringverdiener mit niedrigem Jahreseinkommen bis 20.000 Euro profitieren besonders von der Rentenreform. Ihre Beiträge werden zu großen Teilen vom Staat bezahlt. Gehört man zu dieser Gruppe, sollte man unbedingt einen Riester-Vertrag abschließen. Wer als Single mehr als 30.000 Euro verdient oder gar zu den Besser- oder Spitzenverdienern gehört, für den bringen die staatlichen Grundzulagen relativ gesehen wenig. Für Ehepaare gilt: Leistet ein Partner nur die Familienarbeit und keine bezahlte Arbeit, dann sollte man zu einem Vertrag greifen. Absolut empfehlenswert ist die Riester-Rente, wenn über den Umweg eines Minijobs (bis zu 325 oder 400 Euro) die Zulagen für ein Ehepaar oder sogar die ganze Familie gesichert werden können. Der Gesetzgeber wollte dieses Vehikel – also nutzen Sie es! Familien mit Kindern sollten unbedingt einen riesterfähigen Altersvorsorgevertrag abschließen. Am besten die Mütter, die haben meist ohnehin weniger Rente zu erwarten. Und so ist die Kinderzulage dann sehr willkommen.

Riester-Renten rechtzeitig anpassen

!

Um in den vollen Genuss der angehobenen Zulagen zu kommen, muss jeder berechtigte Vorsorgesparer, der einen Riester-Vertrag abgeschlossen hat, aber auch einen erhöhten Mindesteigenbeitrag leisten. Dieser betrug 2005 2 Prozent der im vorangegangenen Kalenderjahr erzielten beitragspflichtigen Einnahmen. In 2006 Jahr stieg er auf 3 Prozent der Einnahmen. Wer eine Riester-Rente abgeschlossen hat, sollte darauf achten, dass nun auch ein höherer Mindesteigenbeitrag zur Anwendung kommt.

Denn: Wird der Mindesteigenbeitrag nur teilweise geleistet, dann werden die Zulagen entsprechend dem Verhältnis der gezahlten Altersvorsorgebeiträge zum Mindesteigenbeitrag gekürzt. Wer beispielsweise nur 60 Prozent des Mindesteigenbeitrags zahlt, erhält auch nur 60 Prozent der ihm zustehenden staatlichen Zulage.

Riester-Rente: Frauen vor!

Für die Riester-Rente müssen Mütter in den ersten drei Jahren nach der Geburt ihres Kindes nur einen einheitlichen jährlichen Sockelbetrag von 60 Euro in ihren Riestervertrag einzahlen, um die volle Förderung erhalten. Sie beträgt 2006 114 Euro als Grundzulage, dazu kommen weitere 138 Euro pro Kind.
Ganz ohne Eigenbeitrag können nicht berufstätige Ehefrauen „riestern“. Voraussetzung ist allerdings, dass der Ehemann förderfähig ist und sie einen geförderten Altersvorsorgevertrag auf ihren Namen abschließt. Auch nach einer Scheidung bleiben ihr diese Fördergelder erhalten. Allerdings verliert sie den Anspruch auf weitere Förderung, solange sie selbst nicht förderberechtigt wird.
Frauen mit so genannten 400-Euro-Jobs kommen in den Genuss der Förderung, wenn sie auf die Sozialabgabefreiheit ihres Verdienstes verzichten und jährlich 60 Euro in ihre Riester-Rente einzahlen.
Berufstätige Frauen erhalten die volle Zulage, wenn sie mindestens 3 Prozent des sozialversicherungspflichtigen Bruttoeinkommens des Vorjahres in einen Riester-Vertrag einzahlen.
Riestern lohnt sich aber nicht nur für geringverdienende Frauen mit Kindern, sondern genauso für die kinderlosen Gutverdienenden. Denn Einzahlungen in den Vertrag können bis zu einer bestimmten Höhe vom steuerpflichtigen Einkommen abgezogen werden: Ab 2006 sind dies 1.575 Euro und ab 2008 sogar 2.100 Euro. Seit 2006 übrigens gelten bei der Riester-Rente Unisex-Tarife. Das bedeutet: Männer müssen nun je nach Vertrag 10 bis 15 Prozent mehr für gleiche Leistung zahlen, subventionieren also teilweise die Riester-Rente der Frauen mit. Beim aktuellen Hype um die Riester-Rente wird allerdings häufig vergessen,

dass diese Rente erdacht wurde, um das sinkende Niveau der gesetzlichen Rentenversicherung aufzufangen. Das allein schon zeigt, dass in vielen Fällen diese Vorsorgeform nicht ausreichen wird.

Vermögenswirksame Leistungen: Altersvorsorge mit Zuschuss

Ein großes Vermögen lässt sich nicht mit ihnen verdienen, aber verschenken sollte man sie auf keinen Fall: die vermögenswirksamen Leistungen oder kurz VL. Fast fünf Millionen Arbeitnehmer nutzen das Sparen mit vermögenswirksamen Leistungen zum Vermögensaufbau. Und das ist sehr empfehlenswert: Wer von seinem Arbeitgeber vermögenswirksame Leistungen bekommt – und viele haben Anspruch darauf –, sollte sie unbedingt in Anspruch nehmen. Sie sind bestens zum Ansparen oder für die Altersvorsorge geeignet. Da viele Arbeitgeber einen Teil oder sogar die gesamte VL-Zahlung übernehmen, baut man sich somit ein Vermögen „quasi zum Nulltarif" auf.

Vermögen zum Nulltarif

Und so funktioniert es: Arbeitnehmer und Auszubildende erhalten vom Staat eine Prämie in Form der so genannten Arbeitnehmersparzulage, wenn sie regelmäßig Teile ihres Lohnes für den Aufbau eines Vermögens zurücklegen. Diese Sparzulage wird jährlich vom Finanzamt festgesetzt und nach Ablauf einer gesetzlichen Sperrfrist, in der man über sein Geld nicht verfügen kann, ausbezahlt. Die Zulage wird nur dann gewährt, wenn der Arbeitgeber Teile des bereits versteuerten Lohnes unmittelbar auf ein Anlagekonto seines Arbeitnehmers überweist. Der Chef ist zur Überweisung dieser Beträge gesetzlich verpflichtet. Viele Arbeitgeber geben darüber hinaus auch ihrerseits einen Zuschuss zur Vermögensbildung.

Neben der klassischen Variante, dem Bausparvertrag, können

vermögenswirksame Leistungen auch in Banksparplänen, Kapitallebensversicherungen und Fondssparplänen angelegt werden. Staatliche Zuschüsse wie Arbeitnehmersparzulage und Wohnungsbauprämie werden allerdings nur bei der Anlage in Bausparverträgen oder Aktienfonds gezahlt. Fondssparpläne auf der Basis von Aktienfonds können langfristig gesehen sehr gute Renditen bringen. Allerdings ist aufgrund der Wertschwankungen ein höheres Risiko zu berücksichtigen.
Ein VL-Vertrag muss für die Dauer von sechs Jahren angelegt sein. Bevor der Sparer über die angesammelte Summe verfügen kann, muss der Vertrag noch maximal ein Jahr ruhen. Anlagemöglichkeiten gibt es viele: Kapitallebensversicherungen, Bausparverträge oder Unternehmensbeteiligungen – etwa durch Aktienfonds, Mitarbeiteraktien oder Genossenschaftsanteile. Ein Folgevertrag kann aber schon nach sechs Jahren geschlossen werden. Sinnvoll ist es, wenn möglich, das Vermögen nicht anzutasten und den profitablen Sparprozess auf die gesamte berufstätige Zeit auszudehnen.

Beispiel 1:
Und es kommen interessante Summen zustande. Wer in der Vergangenheit regelmäßig 40 Euro pro Monat in einen Aktienfonds anlegte, konnte nach 31 Jahren – das sind nacheinander fünf VL-Verträge plus ein Jahr Wartezeit – über einen Depotwert von 65.976 Euro verfügen (nach Informationen des Bundesverbandes Investment und Asset Management). Eingezahlt wurden dabei nur 14.400 Euro. Dies entspricht einer durchschnittlichen jährlichen Rendite von 8,4 Prozent.

Beispiel 2:
Zahlt ein Arbeitnehmer seit Anfang 2005 über 25 Jahre einen VL-Betrag von 40 Euro in eine private Rentenversicherung, erhält er mit 65 Jahren eine garantierte Nettorente von jährlich 798 Euro (Rechenbeispiel von Deutscher Herold).

Der Staat versüßt Bauspar-Einzahlungen pro Jahr ab 2004 nur noch mit 8,8 Prozent Wohnungsbauprämie. Gefördert werden Einzahlungen von bis zu 512 Euro für Singles und 1.024 Euro für Verheiratete. Das bedeuten maximale Prämien von 45,06/90,11 Euro pro Jahr. Wohnungsbauprämie kann jeder ab 16 Jahren mit einem Bausparvertrag erhalten, wenn das zu versteuernde Jahreseinkommen 25.600 Euro bei einem Single, 51.200 Euro bei verheirateten Paaren nicht übersteigt. Diese Einkommensgrenzen bitte nicht mit dem Bruttoeinkommen verwechseln. Das Bruttoeinkommen kann wesentlich höher liegen. Um die Bausparprämie in vollem Umfang auszunutzen, reicht eine monatliche Einzahlung von 43 Euro (Verheiratete 86 Euro). Das ergibt im Jahr genau jenen Betrag, der mit der maximalen Bausparprämie honoriert wird.

Die Arbeitnehmersparzulage ist die zweite Komponente der staat-lichen Bausparförderung. Seit Anfang 2004 gibt es nur noch 9 Prozent auf vermögenswirksame Leistungen, die vom Arbeitgeber direkt vom Arbeitslohn an die Bausparkasse überwiesen werden. Voraussetzung für die Arbeitnehmersparzulage: Das zu versteuernde Jahreseinkommen liegt unter 17.900 Euro (Alleinstehende)/35.800 Euro (Verheiratete). Eine Arbeitnehmersparzulage bekommt man auf Einzahlungen bis zu 470 Euro im Jahr, die vom Arbeitgeber häufig ganz oder teilweise als Zusatzleistung gezahlt werden. Die genaue Höhe regelt der Tarifvertrag. Der maximale Förderbetrag pro Jahr beträgt ab 2004 43 Euro.

Zum Geldparken geeignet: Sparbuch/Festgeld/Geldmarktfonds

Sparbuch – beliebter Klassiker

Das Sparbuch ist und bleibt ein Klassiker. In dem kleinen Buch, das man meist schon bei der Bank um die Ecke in der Schulzeit führt, werden alle Ein- und Auszahlungen sowie die Zinsgutschriften aufgeführt. Hier wurden die Geldgeschenke wie die zur Konfirmation verewigt. Das gute alte Sparbuch gibt es seit 1934. Und noch immer ist die angestaubte graue Dame der Deutschen beliebteste Sparmöglichkeit. Nach Informationen der Deutschen Bundesbank lagern hier mehr als 500 Milliarden Euro.

Nach der Novelle des Kreditwesengesetzes von 1993 gilt beim Standard-Sparbuch eine dreimonatige Kündigungsfrist. Seit der Einführung des Euro dürfen monatlich 2000 Euro abgehoben werden. Wird ein größerer Betrag früher benötigt, dann kann die Bank einen Ersatz für die verlorene Anlagezeit, so genannte Vorschusszinsen, verlangen. Das zeigt: Ein Sparbuch ist für den Notgroschen gedacht – keinesfalls für das Ansammeln von Geld für größere Anschaffungen über 2.000 Euro, die möglicherweise kurzfristig getätigt werden sollen. Zudem sind Sparbücher Inhaberpapiere. Das heißt: Jeder, der im Besitz des Sparbuchs ist, kann Abhebungen vornehmen. Daher gilt es, bei Verlust des Sparbuches diesen der Bank zu melden – die Auszahlung kann damit vorläufig gesperrt werden. Sparbuchbesitzer sollten aber aufpassen, dass ihre Verzinsung oberhalb der Inflationsrate liegt – sonst betreiben sie Kapitalvernichtung. Üblicherweise werden Geldmarktfonds und Tagesgelder besser verzinst. Allerdings gibt es auch immer mal wieder interessante Angebote auf dem Markt. Oftmals gelten höhere Verzinsungen, dann aber nur für einen begrenzten Zeitraum.

Der Notgroschen auf dem Sparbuch

Zum Geldparken geeignet: Sparbuch/Festgeld/Geldmarktfonds

Ein Sparbuch ist keine flexible Geldanlage, in die Anleger schnell ein- und aussteigen können. Doch die Gelder sind risikolos und kostenlos geparkt, allerdings ist auch die Rendite niedrig. Ein Sparbuch eignet sich also nicht zum Ansparen für die Altersvorsorge. Lediglich der so genannte Notgroschen sollte hier geparkt werden. Sicherlich lohnt auch der Blick auf alternative Anlageformen: Festgelder und Geldmarktfonds bieten eine höhere Verzinsung und höhere Flexibilität. Für die Banken bleibt das Sparbuch weiterhin ein lukratives Geschäft.

Zur Geburt ihres Kindes erhielten die Eltern von ihrer Hausbank ein Sparbuch mit damals fünf Mark Startkapital. Am Weltspartag kam – nennen wir das Kind Birgit – regelmäßig der Inhalt der Sparbüchse hinzu. Jährlich freute sich Birgit über die jeweils höheren Zahlen. Zur Kommunion und zum Abitur kamen zwei weitere Sparbücher von Verwandten hinzu. Als Mittzwanzigerin hat Birgit mittlerweile drei verschiedene Sparbücher.

Tages- und Termingelder – gut zum Geldparken

Für den Notfall oder für einen kurzfristigen finanziellen Engpass brauchen Sie einen Notgroschen. Geldanlagen für diese Situation haben zwei Merkmale: Sie sind sehr liquide. Das bedeutet, man kommt schnell und problemlos wieder an sein Geld. Das bedeutet aber auch, sie sind nicht sehr renditestark. Anleger bekommen in diesen Geldanlagen zwar Zinsen, aber deren Höhe orientiert sich an den relativ kurzen Zeitspannen, in denen Banken mit dem Geld arbeiten können. Das bedeutet für Sie: Hinterlegen Sie als Ihre Notreserve nur eine Summe in Höhe von zwei bis drei monatlichen Nettoeinkommen.

Mit Tagesgeldern können Sie kurzfristig Geld parken und sich ein Reservepolster für Unvorhergesehenes oder für spätere Anlage-

entscheidungen schaffen. Tagesgeld ist beliebt. Gründe dafür sind das einfache Handling, die tägliche Verfügbarkeit und das Fehlen von Kündigungsfristen und Kosten. Zudem sind Tagesgelder sicher. Die hier gelagerten Gelder sind im Falle eines Konkurses der Bank häufig, aber nicht immer, durch den Einlagensicherungsfonds der privaten Banken abgedeckt. Direktbanken bieten oft interessante Konditionen.
Festgelder oder Termingelder legen einen bestimmten Betrag 30 Tage, drei Monate oder ein Jahr fest. Hier kann es in Hochzinsphasen interessante Renditen geben. In Niedrigzinsphasen können Festgelder naturgemäß nur niedrige Zinsen bieten.

Geldmarktfonds – besonders interessant bei steigenden Zinsen

Einfach und flexibel

Geldmarktfonds investieren in kurzfristige Rentenpapiere, wie Anleihen mit kurzen Restlaufzeiten, oder direkt am Geldmarkt. Sie kosten keinen Ausgabeaufschlag, allerdings Verwaltungsgebühren, die stark unterschiedlich sind und aktuell zwischen 0,12 bis zu 1 Prozent liegen. Die Fonds sind seit ihrer Markteinführung ein erfolgreiches Produkt, sind sie doch einfach zu handhaben und bieten zudem ein Höchstmaß an Flexibilität. Es gibt keine vorgeschriebene Anlagedauer, keine festen Laufzeiten und es sind keine Kündigungsfristen oder festen Termine zu beachten. Anleger handeln das Instrument gerade so, wie sie es wollen. Die eingelagerten Gelder sind täglich verfügbar. Dabei ist das Kursrisiko gering – trotz der Schwankungen des Kapitalmarktes. Geldmarktfonds gibt es seit August 1994 in der Folge des Zweiten Finanzmarktförderungsgesetzes.
Die aktuell steigenden Zinsen sind eine Steilvorlage für Geldmarktfonds. Anlegerinnen, die Übung beim Umgang mit Investmentfonds haben, sollten in Geldmarktfonds zum Geldparken und für den schnell verfügbaren Notgroschen einsteigen.

Banksparpläne – gefangen im unrentablen Korsett

Jeden Monat einen kleineren Betrag, der nicht wehtut, sparen und nach ein paar Jahren ein hübsches Sümmchen, auf das die Bank noch ein Sahnehäubchen setzt. Doch vor das Vergnügen haben Banken und Sparkassen die Arbeit gesetzt: das Vergleichen und Verstehen der sehr unterschiedlichen Sparplan-Angebote. Denn die Produktstrategen der Banken und Sparkassen basteln komplizierte Werke. Und die haben unterschiedliche Namen: Wachstums- oder Zuwachssparen, Extra- oder gar Turbosparen. Doch immer geht es darum, einen bestimmten Betrag eine lange Zeit, meist 8 bis 25 Jahre, regelmäßig Monat für Monat zu überweisen. Zugegeben, die Modellrechnungen für die verschiedenen Laufzeiten, welche die Bankmitarbeiter aus der Schublade ziehen, wirken beeindruckend. Doch dann sind die Gemeinsamkeiten auch schon ausgeschöpft. Möglich ist oftmals eine Dynamisierung – die Höhe der regelmäßigen Zahlungen wird dann Jahr für Jahr um einen bestimmten Prozentsatz erhöht. Gerade bei langfristigen Sparplänen ködern Banken und Sparkassen die Kunden gern mit Bonusversprechungen. Die Angebote nennen dann hohe Bonizahlen von 40 oder gar 110 Prozent.

Bonusvarianten – oft leere Versprechungen

Gut – Bonus auf Endguthaben
Akzeptabel – Bonus auf Sparleistung
Schlecht – Bonus auf Einzahlungen des letzten Jahres, Bonus auf Zinsen

Die Verzinsungen der unterschiedlichen Angebote sind deshalb nur schwer zu vergleichen. Fragen Sie deswegen nach der Rendite oder dem Effektivzins des jeweiligen Angebotes. Erst diese geben Aufschluss darüber, wo das Geld wirklich rentierlich angelegt ist.

So finden Sie das beste Sparplanangebot

- ❑ Wie hoch ist die Grundverzinsung?
- ❑ Für welche Laufzeiten?
- ❑ Wie sind die Ausstiegsmöglichkeiten?
- ❑ Welche Kündigungsfrist ist zu beachten?
- ❑ Worauf wird der Bonus gezahlt?
- ❑ Ändert sich die Höhe der Bonuszahlung während der Laufzeit?
- ❑ Wie wirkt sich eine vorzeitige Kündigung auf Grundverzinsung und Bonus aus?
- ❑ Berechnet die Bank Vorschusszinsen bei vorzeitiger Kündigung?
- ❑ Gibt es eine automatische Fälligkeit am Ende der Laufzeit? Oder muss nach Ablauf der regulären Sparzeit gekündigt werden?
- ❑ Wie lange dauert die Sperrfrist nach Sparende?

Der Vorteil dieser Bankprodukte ist ihre Sicherheit. Doch die jeweiligen Bankberater empfehlen oft ausschließlich die eigenen Produkte. Die deutschen Sparer sind durch die niedrige Verzinsung aktuell gebeutelt. Gerade bei langfristigem Sparen sind attraktive Renditen wichtig. Deswegen kann es sinnvoll sein, in der momentan für Sparer schwierigen Phase variabel verzinste Sparpläne vorzuziehen – um die Chancen des steigenden Zinsniveaus nutzen zu können. Prinzipiell sollte man in Niedrigzinsphasen keine langfristigen Sparverträge mit festen Zinsen abschließen.

Bundesschatzbriefe, Obligationen und andere Anleihen – fest mit Zinsen rechnen

Festverzinsliche Wertpapiere werden auch als Renten bezeichnet, da ihre regelmäßigen und sicheren Ausschüttungen wie Renten sind. Mit dem Kauf eines solchen festverzinslichen Papiers vergeben Sie ein Darlehen – an den Bund, Unternehmen oder andere Schuldner. Und das können auch schillernde Schuldner sein: 1997 lieh sich der britische Popmusiker David Bowie zu seinem 50. Geburtstag 55 Millionen US-Dollar – über die Emission einer Anleihe mit zehn Jahren Laufzeit. Als Sicherheit dienten die Einnahmen aus Bowies Songs. Die Anleihe fand große Nachfrage, denn der Musiker verzinst mit 7,9 Prozent jährlich. Das waren damals 1,5 Prozent mehr, als die Vereinigten Staaten für ihre Anleihen zahlten.

Weitaus weniger renditestark sind da die festverzinslichen Wertpapiere, die unser Staat herausgibt. Die Papiere mit dem Bundesadler sind für Börseneinsteiger, konservative Anleger und Sicherheitsbewusste als klassische Kapitalanlage eine gute Wahl. Sie sind risikofrei, denn die Bundesrepublik Deutschland ist ein erstklassiger Schuldner. Immerhin steht der Staat mit seinem Vermögen und Steueraufkommen dafür gerade – letztlich also der Steuerzahler selbst. Ein weiterer Vorteil ist die gesicherte und – nach Marktlage – akzeptable Rendite der Bundespapiere. Zudem verfügen sie über ein eingebautes Umtausch- oder Ausstiegsrecht. Die hohe Flexibilität der Produkte ermöglicht es, zunächst auf Bundespapiere zu setzen, dann abzuwarten, wie der eigene Geldbedarf und die Marktzinsen sich entwickeln. Und dann steigt man einfach aus oder um. Für die Käufer sind die Bundespapiere eine Geldanlage, für den Staat eine Möglichkeit der Geldbeschaffung. Dabei stellt das Finanzministerium die Papiere aus und verkauft sie über die Banken.

Bundespapiere – die Übersicht

Je nach Laufzeit bietet der Staat verschiedene Produkte an:

1 bis 2 Jahre	Finanzierungsschätze
4 Jahre	Bundesschatzanweisungen
5 Jahre	Bundesobligationen
6 Jahre	Bundesschatzbriefe
7 Jahre	Bundesschatzbriefe
10 Jahre	Bundesanleihen
30 Jahre	Bundesanleihen

Je nach Laufzeit – ein bis zehn oder gar 30 Jahre – bietet der Staat verschiedene Produkte an. Doch nur die Bundesschatzbriefe eignen sich zum allmählichen Vermögensaufbau. Und damit wurden sie zu einem echten Bestseller. Charakteristisch für das nichtbörsengehandelte Wertpapier, oft liebevoll „Bundesschätzchen" genannt, ist die Zinstreppe: der Jahr für Jahr nach einem festen Plan ansteigende Zins. Und das bringt nach und nach mit den Jahren eine gute Rendite. Der Bund konzipierte diese mittelfristigen Schuldverschreibungen im Jahr 1969 für Kleinanleger.

Rendite in Stufen: Bundesschatzbriefe Typ A und Typ B

	Zins in Prozent Typ A und B	Rendite Typ A	Rendite Typ B
1. Jahr	2,5	2,5	2,5
2. Jahr	2,75	2,62	2,62
3. Jahr	3,25	2,83	2,83
4. Jahr	3,75	3,05	3,06
5. Jahr	4,25	3,27	3,30
6. Jahr	4,5	3,46	3,5
7. Jahr	nur Typ B 5,00	-	3,64

Stand: Mai 2006

Bevorzugt: Bundesschätzchen

Bundesschatzbriefe werden in zwei Varianten ausgegeben: Typ A hat eine Laufzeit von sechs Jahren. Die Zinsen werden jährlich überwiesen.

Typ B dagegen läuft ein Jahr länger und weist die bessere Rendite auf. Denn die Zinsen werden während der Laufzeit automatisch mit angelegt und zusammen mit dem Kapital bei Fälligkeit ausbezahlt. Damit ist der Bundesschatzbrief B ein so genanntes thesaurierendes Rentenpapier, das seine Verzinsung erst am Ende auf einen Schlag ausschüttet. Die geringen Zinsunterschiede sollten keine Rolle bei der Wahl der Variante spielen. Entscheidend sind dagegen die steuerlichen Aspekte. Für die meisten dürfte Typ A empfehlenswert sein, weil sich die Steuerlast über die Jahre verteilt.

Die Beliebtheit der „Schätzchen“ entstand zu einem Großteil durch die sparerfreundliche Sperrfrist. Denn diese ist nur ein Jahr lang. Das heißt für den Anleger: Das Kapital in Bundesschatzbriefen ist nach dem ersten Jahr immer verfügbar. Einzige Beschränkung: Innerhalb von 30 Zinstagen dürfen Alleinstehende nur 5.000 Euro einlösen. Ehepaare dagegen das Doppelte. Dieses flexible Rückgaberecht wird im Fachjargon „Gläubigerkündigungsrecht, das eine Verkaufsoption darstellt“ genannt. Für dieses Recht müsste man auf dem übrigen Kapitalmarkt einen hohen Preis zahlen. Für den Anleger ein nicht zu unterschätzender Vorteil: Er bleibt somit äußerst flexibel. Er kann nach seinen persönlichen Wünschen handeln und aussteigen. Oder bei Zinsanstiegen kostenlos umsteigen – auf eine neuere Serie Bundesschatzbriefe oder eine andere Anlageform.

Geeignet für allmählichen Vermögensaufbau

Ursprünglich waren Bundesschatzbriefe nur für die Einmalanlage, also die Anlage von größeren Kapitalbeträgen, gedacht. Doch 1993 wurde der Mindestsparbetrag auf 100 Mark herabgesetzt. Seitdem kann man diese Wertpapiere des Bundes per Sparplan, also in Raten, kaufen. So sind sie als Ansparanlage zum allmählichen Vermögensaufbau interessant. Übrigens auch für jedwede krumme Beträge. Zudem ist es möglich, angespartes Geld per Auszahlplan überweisen zu lassen. Bundesschatzbriefe sind als Daueremissionen jederzeit erhältlich.

Bundespapiere: Kostenloser Kauf und Deponierung

Von Gebühren geplagten Anlegern hält der Bundesfinanzminister ein Trostpflästerchen bereit: Die Papiere mit dem Bundesadler bieten einen weiteren geldwerten Vorteil: Sie verursachen dem Anleger keine Kosten. Durch Kauf, Wertpapierdepot und Verkauf kommen normalerweise nicht unerhebliche Kosten zusammen, welche die Rendite schmälern. Doch Bundespapiere zu kaufen oder zu verkaufen ist kostenfrei. Und die Bundeswertpapierverwaltung ist als Behörde Ihr kostenloser Depotverwalter für sämtliche öffentliche Anleihen von Bund, Bahn und Post. Dazu muss lediglich ein Schuldbuchkonto eröffnet werden. Die Kontoführung läuft bei der Bundeswertpapierverwaltung wie bei einem normalen Bankdepot.

Weitere Informationen:
www. bundeswertpapiere.de
Servicecomputer: 06172/108930
Ansagetelefon: 069/95114159

Auch so kann man Geld anlegen: mit Unternehmensanleihen

Ein weiteres Beispiel für sichere Geldanlagen sind gute Unternehmensanleihen (englisch: Corporate Bonds) von Firmen mit ausgezeichnetem Rating aus dem Euroraum. Unternehmensanleihen werden auch Industrieobligationen genannt und sind von Unternehmen herausgegebene festverzinsliche Wertpapiere mit festgelegter Laufzeit, bei denen der Zinssatz von vornherein feststeht. Mit einem Kauf leiht der Gläubiger dem Herausgeber der Anleihe Geld. Dabei steht von Beginn an fest, wann er sein Kapital zurückerhält – und zwar zu 100 Prozent. Als Gegenleistung bekommen die Anleger jedes Jahr den Zinsertrag. Anleger sollten sich bei der Auswahl nach dem wichtigsten Auswahlkriterium, dem Rating, herausgegeben von so genannten Rating-Agenturen, als Orientierung und objektivem und fundiertem Qualitätsmaßstab richten. Als sicherheitsbewusster Anleger sollten Sie nur Anleihen von Schuldnern wählen, denen mindestens eine Bonität von A zuerkannt wurde. Im Einzelfall bei einem guten Unternehmen und einer interessanten Rendite ist sicherlich auch ein BBB hinzunehmen.

Auf die Bonität achten!

Das ABC des Ratings

Rating/Bonitätseinstufung/Erläuterung

- AAA: sehr gut/höchste Bonität, die Zahlungen gelten als sicher. Die erstklassigen Papiere bergen für Anleger ein ausgesprochen geringes Risiko. Herausgeber besitzen absolute Zuverlässigkeit. Die Rückzahlung des Kapitals wird als sicher angesehen.
- BBB: befriedigend/durchschnittliche Bonität, Fähigkeit zur Zahlung von Zins und Tilgung wird von der allgemeinen Wirtschaftslage beeinflusst. Wertpapiere von mittlerer Qualität. Die Sicherung von Zins- und Kapitalrückzahlungen erscheint gegenwärtig angemessen. Aber es fehlen bestimmte Gütekriterien oder stellen sich längerfristig als nicht verlässlich heraus. Derartige Schuldverschreibungen lassen eine hochgradige lnvestmentqualität vermissen und bergen bereits spekulative Elemente in sich.
- CCC: ungenügend/große Risiken und Ungewissheiten. Anleihen von minderer Qualität. Es besteht die Gefahr, dass die Anleihe notleidend und nur mit Mühe bedient wird.

❑ D: zahlungsunfähig/Schuldner ist in Zahlungsverzug oder der Konkurs droht. Anleihe ist notleidend. Erfolgen Zins- oder Tilgungszahlungen nicht fristgerecht, bedeutet dieser Ausfall ein Default (auf deutsch: Unterlassung).

Angenehm: Corporate Bonds bieten alle Laufzeiten. Hier kann man sich kurz- und langfristig binden. So sind Unternehmensanleihen bei attraktiven Kursen ebenso für das Geldparken geeignet wie für mittel- und langfristige Engagements. Bei Unternehmensanleihen in Euro droht Ihnen kein Währungsrisiko. Sicherheitsorientierte Anleger sollten Corporate Bonds bis zum Ende der Laufzeit halten. Dann sind keine Wertschwankungen zu fürchten. Man bekommt auf jeden Fall sein investiertes Geld zurück.

Pfandbriefe – gar nicht langweilig

Pfandbriefe sind eine preußische Erfindung von Friedrich dem Großen aus dem Jahr 1771 – sie scheinen traditionell, grundsolide und langweilig. Pfandbriefe sind – wie der Name schon sagt – durch ein Pfand gesichert. Das Pfand ist ein verbrieftes Recht an Grund und Boden (Hypothek). Für Gläubiger bieten sie die höchste Sicherheit: Die Papiere sind durch die vorgeschriebene erstklassige Sicherheit der Kreditnehmer gedeckt. Außerdem haften die Banken mit ihrem gesamten Vermögen.
Weiterer Pluspunkt der Pfandbriefe ist die attraktive Rendite. Pfandbriefe werden an der Börse gehandelt und ihr Kurswert wird täglich festgelegt. Auch hier sind Schwankungen möglich, beispielsweise aufgrund von Angebot und Nachfrage, der allgemeinen Zinsentwicklung des Kapitalmarktes und der Inflationserwartungen. Wobei die Schwankungen nicht mit denen des Aktienmarktes zu vergleichen sind. Die Zinsen eines Pfandbriefes liegen wie bei allen festverzinslichen Wertpapieren für die gesamte Laufzeit fest und werden jährlich ausgezahlt. Und trotzdem

kommt man bei Bedarf immer an sein Geld, denn der Verkauf ist börsentäglich möglich. Allerdings kann sich die Rendite durch Kursverluste und Gebühren verringern.

Aktien: Miteigentümer werden

Es scheint so einfach: Aktien kaufen, wenn die Kurse niedrig stehen, und verkaufen, wenn sie oben sind. Doch Kurse vorhersagen kann niemand. Das haben viele beim letzten Börsencrash schmerzhaft im eigenen Depot gespürt. Jede einzelne Aktie verbrieft als Wertpapier einen kleinen Anteil an einem Unternehmen in der Rechtsform der Aktiengesellschaft. Wer eine Aktie ersteht, wird damit zum Miteigentümer des Unternehmens mit einem begrenzten unternehmerischen Risiko. Ein Aktionär ist als Teilhaber am Ergebnis der Aktiengesellschaft beteiligt. Eine Aktie stellt somit einen Sachwert wie beispielsweise eine Immobilie dar. Angebot, Nachfrage und die Gewinnaussichten des Unternehmens bestimmen den jeweiligen Kurs. Abhängig ist der Kursverlauf jeder Aktie auch vom allgemeinen Börsentrend. Anleger können Aktien halten, so lange sie wollen; die Laufzeit ist nicht begrenzt – solange das Unternehmen besteht. Und: Aktien lassen sich täglich wieder verkaufen.
Jeder Aktionär ist durch Dividenden am Gewinn beteiligt. Aktionäre dürfen an der jährlich in den ersten acht Monaten des Geschäftsjahres stattfindenden Hauptversammlung teilnehmen. Und mit ihrem Stimmrecht bei diesem Eigentümertreffen können sie an Entscheidungen teilhaben, die sich wiederum direkt auf die Finanzen des Aktionärs auswirken: der Jahresabschluss des Unternehmens, die Entlastung von Vorstand und Aufsichtsrat, die Gewinnverteilung und eventuelle Kapitalerhöhungen.

Wie Aktienkurse entstehen

Beim Aktienkauf stellen Anleger Vermutungen über die Zukunft des Unternehmens an. Anders formuliert: Sie spekulieren auf eine positive Entwicklung, auf zukünftige Unternehmensgewinne.
In den Aktienkursen spiegeln sich die Erwartungen der Käufer und Verkäufer wider. Ein Kurs steigt, je mehr Gewinne dem Unternehmen in Zukunft zugetraut werden. Setzen viele Marktteilnehmer auf ein starkes Gewinnwachstum einer Aktiengesellschaft, können sich Aktienkurse in wenigen Monaten vervielfachen. Ein Kurs sinkt, wenn nur noch wenige Anleger auf sprudelnde Gewinne der Gesellschaft hoffen.
Zudem wirken auf alle Aktienkurse die allgemeinen Tendenzen des Kapitalmarktes, die interessante Gewinne bedeuten können, aber auch ein nicht unerhebliches Risiko bergen. Denn Tatsachen stehen nur für die Vergangenheit fest. Und niemand kann vorausahnen, welche kursbeeinflussenden Dinge in der Zukunft passieren. Außerdem treffen die Marktteilnehmer ihre Entscheidungen in der Masse aus einem Mix von Rationalität und Irrationalität. Sie folgen häufig eher den Eigenheiten der menschlichen Psyche als Wirtschaftstheorien. An den Aktienmärkten kommt es immer wieder zu exzessiven Kursübertreibungen nach oben und unten, die man auch mit viel Know-how und speziellen Strategien nicht vorhersehen kann.

So funktioniert die Börse

Privatanleger, Banken, Pensions- und Investmentfonds, Versicherungsgesellschaften und andere Marktteilnehmer aus dem In- und Ausland geben Kauf- und Verkaufsaufträge an die Börse und beeinflussen mit ihren Orders, also ihren Einzelentscheidungen, die Kurse einer Aktie. Der Kurs zeigt den Wert, der dem Papier von Käufer- und Verkäuferseite zugebilligt wird. Hat man Vertrauen in die Zukunft eines Unternehmens, kauft man das Papier. Befürchtet man für die nächste Zeit Gewinneinbrüche oder fehlt das Vertrauen ins Management, steigt man in eine bestimmte Aktie nicht ein – oder eben aus. Letztlich bestimmt also die persönliche Einschätzung der Anleger den Kurs – daraus resultieren das Angebot und die Nachfrage der Marktteilnehmer. Die täglichen Kurse ergeben in der grafischen Darstellung eine Kurve, aus der die Tendenz der Kursentwicklung abgelesen werden kann.

Faktoren, die den Kursverlauf beeinflussen

Nimmt also die Nachfrage nach der Aktie eines ausgesprochen erfolgreichen Unternehmens zu, so steigt deren Kurs so lange, bis der gestiegene Kurs Verkaufswünsche weckt (so genannte Gewinnmitnahmen). Und umgekehrt: Sehen immer weniger Anleger einen Sinn im Halten einer bestimmten Aktie, sinkt der Kurs so lange, bis das Papier so billig ist, dass sich andere wiederum damit eindecken.

Positive oder negative Nachrichten über das Unternehmen, wie Veränderungen des Vermögens und des Gewinns, über die entsprechende Branche, die Gesamtwirtschaft oder das politische Umfeld und seine Rahmenbedingungen beeinflussen die Einschätzung der Anleger und üben so Wirkungen auf den Kursverlauf aus. Auch auf Spannungen in der Weltwirtschaft oder eine prekäre politische Lage und besondere aktuelle Ereignisse reagieren die Kurse. Ein solches Ereignis kann die Veränderung der Leitzinsen durch die entsprechende Notenbank sein. Bis zu einem gewissen Grad bildet der Börsenzyklus auch den Konjunkturzyklus ab, aber er eilt regelmäßig um etwa sechs Monate voraus. Die Börse nimmt damit die konjunkturelle Entwicklung vorweg.

Kurszettel – die schnelle Informationsquelle

Die nur auf den ersten Blick trockenen Zahlenkolonnen in Ihrer Tageszeitung oder den Finanzzeitungen oder im Internet enthalten viele wichtige Informationen über den Kursverlauf des Börsentages. Hier können Sie – richtig interpretiert – Trends und Anlagechancen herauslesen.

Kurszettel: So verstehen Sie die Zahlen

Amtlicher Handel	ISIN	Div.	15.8.00	14.8.00	Höchst	Tiefst
Frankfurter Bank	840410	12,00 F	45,00-b	147,00-b	160	130
Bay. Leben	519507	0 M	30,00-B	29,00-B	26	23

ISIN
Kennnummer zur Identifizierung des Wertpapiers

Div.: Dividende
Hier ist vermerkt, was die Aktiengesellschaft zuletzt pro Aktie als Dividende ausschüttete.

Börsenplatz
Die Kürzel stehen für den Börsenplatz, an dem der Aktienkurs ermittelt wurde. Beispielsweise F = Frankfurt, M = München, X = Xetra

Kurszusätze
Die Buchstaben hinter den Kursen verraten Angebot und Nachfrage. b = bezahlt, alle Aufträge sind ausgeführt; B = Brief, nur Angebot, keine Nachfrage
Weitere Kurszusätze: bG = bezahlt Geld (mehr Nachfrage als Angebote); bB = bezahlt Brief (mehr Angebote als Nachfrage) (Brief=Verkäufer; Geld=Käufer)

Weitere wichtige Kurszusätze:
G: Geld - Nachfrage vorhanden, aber keine Verkaufsangebote
-: gestrichen, ein Kurs konnte nicht festgestellt werden
exDiv.: ohne Dividende, erste Notiz nach Abschlag der Dividende

Höchst-/Tiefstkurse
Gibt Einblick in den Kursverlauf, es werden die besten und schlechtesten Kurse des laufenden Jahres gelistet.

Empfehlenswert: Standardaktien

Sie sind die Crème de la Crème der Aktiengesellschaften, die besten unter guten: die Standardaktien. Dabei handelt es sich um namhafte Konzerne mit Milliardenumsätzen. Dank ihrer herausragenden Marktstellung sind Kursschwankungen meist nicht so groß wie bei Nebenwerten. Konkursrisiken sind eher nicht zu fürchten. Zudem darf der Anleger von regelmäßigen Dividendenzahlungen ausgehen. Angenehm: Über Dividendenausschüttungen können Sie sofort verfügen. Dagegen ist die Steigerung des Börsenkurses ein unrealisierter Gewinn, der erst durch den Verkauf an der Börse Wirklichkeit wird. Ein weiterer nicht zu unterschätzender Vorteil der Standardaktien: Börsentag für Börsentag findet ein intensiver Handel dieser Werte mit hohen Umsätzen statt, sodass den Anlegern der Ein- und Ausstieg börsentäglich möglich ist. Auch wichtig: Es ist relativ leicht, an die entscheidenden Informationen über diese Unternehmen zu kommen. Beispielsweise berichtet die Wirtschaftspresse regelmäßig über die großen Unternehmen. Damit ist es für Anleger leichter, die Ertragsentwicklung oder die Qualität des Managements einzuschätzen. Für Sicherheitsbewusste, Neueinsteiger und als Basis eines Aktienportfolios sind die relativ sicheren Standardaktien geeignet. Grundsätzlich gilt aber: Kaufen Sie nur Aktien von Unternehmen, die Sie überzeugen.

Am sichersten: Blue Chips

Standardaktien werden auch als Blue Chips bezeichnet. Der Begriff ist den blauen und wertvollsten Jetons des amerikanischen Poker entlehnt. In Deutschland nennt man die Aktien des DAX Blue Chips. Im DAX sind die größten 30 börsennotierten Unternehmen des amtlichen Handels nach Börsenumsatz und Marktkapitalisierung zusammengefasst. 1987 führte die Deutsche Börse das bedeutendste deutsche Kursbarometer ein. Seitdem wird der DAX während der Öffnungszeit des elektronischen Handelssystems Xetra alle 15 Sekunden neu berechnet und an der bekannten Anzeigetafel im Frankfurter Börsensaal veröffentlicht. Die amerikanischen Blue Chips findet man im Dow Jones.

Investmentfonds: große Möglichkeiten

Erfunden wurden Investmentfonds 1860 in England. In Deutschland musste man noch lange, bis nach dem Zweiten Weltkrieg, auf das Finanzprodukt warten.

Die Investmentbranche ist weiter im Aufschwung

In den vergangenen zehn Jahren verdreifachte sich das verwaltete Fondsvolumen auf rund 1,2 Billionen Euro. Mittlerweile entfällt jeder achte Euro des privaten Geldvermögens auf Investmentfonds. Das Pro-Kopf-Investmentvermögen liegt in Deutschland bei 6.600 Euro, in Frankreich ist es drei Mal so hoch, in den USA liegt es bei fast 26.000 Euro.
An der Entwicklung der Börse teilhaben, ohne großen Zeitaufwand, ohne großen finanziellen Einsatz – und mit einem reduzierten Risiko. Diese Vorteile bieten Investmentfonds. Der Grundgedanke: Auch Menschen ohne großen Geldbeutel sollen an Wertpapieren oder Immobilien verdienen. Dabei wird in verschiedene Papiere oder Objekte investiert, um das Risiko zu streuen.
Ein Fonds ist ein „Topf", in den viele Anleger Geld einzahlen. Das Vermögen verwalten so genannte Investmentanlagegesellschaften, die den Status von Kreditinstituten besitzen und dem Gesetz über Kapitalanlagegesellschaften (KAGG) unterliegen. Daher ergeben sich auch die strengen Anlagegrundsätze, die das Prinzip der Risikostreuung wahren:

Risikostreuung im Portfolio

Hochspekulative Geschäfte dürfen nur unter Auflagen getätigt werden.
Aktienfonds müssen einen Pool von verschiedenen Aktien in ihrem Portfolio haben, dürfen aber beispielsweise nur maximal 5 Prozent des Fondsvermögens in einen Titel investieren. Offene Immobilienfonds müssen mindestens zehn Objekte betreiben,

dabei darf ein Neuerwerb 15 Prozent des Fondsvermögens nicht übersteigen.

Klischee bestätigt: Männer wissen mehr über Fonds!?

Eine Umfrage der Fondsgesellschaft Axa Investment Managers zusammen mit dem Meinungsforschungsinstitut TNS Infratest ergab: Wenn es ums Geld geht, haben Frauen offenbar ein geringeres Finanzwissen als Männer. 78 Prozent der Männer wissen laut der Umfrage, was ein Aktienfonds ist, bei den Frauen lediglich 59 Prozent. Auch das Wissen über Rentenfonds ist bei den Frauen weniger ausgeprägt. So sind 44 Prozent der Frauen der Meinung, Rentenfonds sorgen für die gesetzliche Rente vor. Bei den Männern waren 36 Prozent dieser – falschen – Annahme. Dass die Mindestanlage bei Fonds 5.000 Euro beträgt, glauben fälschlicherweise 25 Prozent und 39 Prozent der Frauen. Aktienfonds sind genauso riskant wie einzelne Aktien, befürchten 52 Prozent bei den Frauen und 66 Prozent der Männer.

Thesaurierung: Erträge werden wieder angelegt

Üblich sind in der Branche thesaurierende Fonds. Das bedeutet, sämtliche Erträge werden automatisch wieder angelegt. Der Anteilseigner bekommt dann nicht die erwirtschafteten Erträge aus Zins, Dividenden oder Mieteinnahmen ausgezahlt. Dies hat für den Anleger zwei Vorteile: Zum einen umgeht er die Gebühren bei Wiederanlage. Zum anderen profitiert der Anleger tatsächlich von diesem Zinseszinseffekt. Fonds unterliegen der Rücknahmeverpflichtung. Damit kommen die Anleger immer an ihr Geld, sind also stets liquide. Für Rückzahlungswünsche müssen die Fondsgesellschaften ständig eine bestimmte Summe bereithalten.

Depotbanken: Im Sinne des Anlegers

Vielen Investmentfondsanlegern dürfte es nicht bewusst sein: Bei der Abwicklung ihres Investments spielt neben der Investmentgesellschaft auch die Depotbank eine große Rolle. Sie gehört zum so genannten Investmentdreieck. Denn eine Kapitalgesellschaft darf ein von ihr aufgelegtes Sondervermögen zwar verwalten, aber nicht verwahren. Dafür muss eine unabhängige Depotbank beauftragt werden, deren haftendes Eigenkapital mindestens bei 5 Millionen Euro liegt. Durch diese Regelung bleibt das Fondsvermögen strikt vom Vermögen der Fondsgesellschaft getrennt. Eine Regelung im Sinne des Anlegers, wenn man mal von den dafür aufzubringenden Gebühren absieht.
Zu den Aufgaben der Depotbank gehören die Ausgabe und Rücknahme von Anteilscheinen, die Prüfung der von der Investmentgesellschaft ermittelten börsentäglichen Ausgabe- und Rücknahmepreise, die Durchführung der Ausschüttung an die Anteilinhaber, aber auch die des Fondsvermögens im Falle der Auflösung des Fonds. Die Depotbank erfüllt eine wichtige Kontrollfunktion, da sie Aufträge nur dann ausführen darf, wenn sie sowohl den gesetzlichen als auch den vertraglichen Anlagegrundsätzen entsprechen. Damit handelt sie im Interesse der Anleger.

Gebühren und andere Kosten

Anleger müssen gleich am Anfang der Geschäftsbeziehung eine Zugangsgebühr zahlen: mit den Ausgabeaufschlägen von 1 bis 8 Prozent. Allerdings kosten die Ausgabeaufschläge der unterschiedlichen Fondsarten auch verschieden: Am teuersten sind Aktienfonds. Hier liegen die Ausgabeaufschläge zwischen 4 und 8 Prozent. Die offenen Immobilienfonds kosten meist 5 Prozent und Rentenfonds zwischen 2 und 4 Prozent. Durch den Ausgabeaufschlag ergibt sich übrigens auch der Rücknahmepreis. Der ist um den Ausgabeaufschlag niedriger als der Ausgabepreis.

Zugangsgebühr: Ausgabeaufschläge der Investmentfonds

Beispiel: Sie wollen 10.000 Euro in einen Investmentfonds anlegen. Bei einem 5-prozentigen Ausgabeaufschlag legt die Fondsgesellschaft von Ihren 10.000 Euro nur 9.500 an. Die Differenz zieht sie als Gebühr ein. Dieser Betrag muss über Rendite erst mal wieder verdient werden.

Auch die Vergütung für die Depotbank wird dem Anleger nicht direkt belastet, sondern aus dem Fondsvermögen bezahlt. Sie geht daher zulasten der Wertentwicklung des Fondsvermögens. Die Höhe dieser Vergütung ist in den besonderen Vertragsbedingungen des einzelnen Fonds angegeben, wie überhaupt alle Kosten aufgeführt werden. Zwar nur im Kleingedruckten, aber immerhin. Weiterhin verlangen die Fondsgesellschaften Verwaltungsgebühren – bis zu 1 Prozent des Fondswertes im Jahr. In dieser Höhe liegt auch meist die Depotbankvergütung. Das sind die jährlich laufenden Kosten, die intern abgerechnet werden, also nicht in den Kontoauszügen ausgewiesen sind. Die genauen Kosten sind in den Verkaufsprospekten verzeichnet. Zudem wird eventuell eine Provision und sicher eine Bearbeitungsgebühr fällig, wenn man einen Fonds einer anderen Bank kaufen will.

Die besten Kapitalgesellschaften

Fondsgesellschaften mit mehr als 25 Fonds

	Fonds mit Rating		Top-Rating Anteil in Prozent
	Insges.	A und B	
DWS	85	51	60
Fidelity	31	18	58
Melton Global	25	14	56
Union Investment	37	20	54

	Fonds mit Rating		Top-Rating Anteil in Prozent
	Insges.	A und B	
Merrill Lynch	26	13	50
Axa Group	29	14	48
Dit Allianz	27	58	47
JP Morgan	48	19	40
Julius Bär	28	10	36
Oppenheim	40	14	35

Fondsgesellschaften mit weniger als 25 Fonds

	Fonds mit Rating		Top-Rating Anteil in Prozent
	Insges.	A und B	
Raiffaisen KAG	10	8	80
Volksbanken-KAG	10	7	70
M&G Investments	13	9	69
Sarasin Invest	9	6	67
Threadneedle	24	16	67
State Street Corp.	18	12	67
Gartmore	14	9	64
Lazard Inv. Funds	8	5	63
Erste-Sparinvest KAG	16	10	63
Gerling Investment	10	6	60

Quelle: Feri

Große Auswahl an Publikumfonds

Die Fonds für den privaten Anleger heißen Publikumfonds. Und mittlerweile ist hier fast alles auf dem Markt zu haben: Man kann in internationale Aktien ökologisch orientierter Unternehmen, in indische Aktien, in Hochzinsanleihen von Schuldnern aus Schwellenländern, in New-Economy-Titel oder in weltweite Neuemissionen investieren. Die Investmentbranche kreiert ständig neue Produkte, um neue Gelder anzulocken. Dabei sind nahezu alle auf die folgenden vier Grundversionen zurückzuführen.

- Aktienfonds: Aktienfonds investieren nur oder überwiegend in Aktien, wobei die Ausrichtung höchst unterschiedlich sein kann: beschränkt auf bestimmte Länder oder Regionen, international orientiert oder gerade sehr breit ausgerichtet auf viele Branchen.
  Aktienfonds ermöglichen es dem Anleger, sich auch mit niedrigen Beträgen an der Börse zu engagieren. Sie haben eine breitere Basis, eine größere Streuung und damit ein geringeres Risiko als einzelne Aktien. Trotzdem sind auch Aktienfonds von der allgemeinen Börsentendenz abhängig. Eine kurzfristige Anlage ist daher nicht empfehlenswert. Der Trend geht zu europäischen und internationalen Aktienfonds. Prinzipiell eignen sich Aktienfonds gut für die langfristige Vermögensbildung und zur privaten Altersvorsorge.
- Offene Immobilienfonds: Während der Kurseinbrüche an den Aktienbörsen konnten die offenen Immobilienfonds einen nie gekannten Ansturm verzeichnen: Innerhalb von nur vier Jahren verdoppelten sich die Fondsvolumina auf rund 90 Milliarden Euro in 2004. Offene Immobilienfonds investieren in gewerblich genutzte Bürohäuser oder Einkaufszentren, auch im europäischen Ausland. Diese Form der Sachwertanlage wurde vor 50 Jahren in der Schweiz erfunden. Wie sicher offene Immobilienfonds eingeschätzt werden, zeigt die Tatsache, dass sie von Vormundschaftsgerichten zur Anlage von Mündelgeldern zugelassen sind. In offene Immobilienfonds kann – im Gegensatz zu geschlossenen Immobilienfonds – man jederzeit ein- und aussteigen. Die Rendite der offenen Immobilienfonds setzt sich zusammen aus laufenden Miet- und Pachteinnahmen und

dem langfristig zu erwartenden Wertanstieg der Immobilie. Empfehlenswert sind die Entnahmepläne der offenen Immobilienfonds, mit denen man sich regelmäßige Auszahlungen eines vorhandenen Guthabens organisieren kann. Eine echte Alternative zu Kapitallebens- und privater Rentenversicherung, die in der Handhabung weniger flexibel sind.

- ❑ Rentenfonds könnten mit steigenden Kapitalmarktzinsen wieder erstarken. Denn häufig sind die Renditen von Rentenfonds geringer als die von Bundesschatzbriefen. Rentenfonds halten mindestens 20 verschiedene festverzinsliche Wertpapiere, eventuell beschränkt auf bestimmte Währungen und Länder. Die Laufzeiten der gehaltenen Papiere dürften nahezu das gesamte Spektrum abdecken. Da aber der Kapitalmarktzins während der Laufzeit einer Anleihe mehr oder weniger stark schwankt, muss die Anpassung an die Zinsentwicklung über den Kurs der Anleihe erfolgen. Entsprechend unterliegt auch der Rentenfonds der Faustformel: Sinkende Zinsen bringen steigende Kurse, steigende Zinsen führen zu sinkenden Kursen. Die übliche Fondsanlage in festverzinsliche Wertpapiere ist angesichts eines Ausgabeaufschlags von durchschnittlich 3 Prozent plus der jährlichen Managementgebühr insgesamt zu teuer im Vergleich zur Direktanlage.
- ❑ Geldmarktfonds: Daneben gibt es Geldmarktfonds, schon angedeutet im Unterkapitel Tages- und Termingelder. Geldmarktfonds investieren in kurzfristige Rentenpapiere, wie Anleihen mit kurzen Restlaufzeiten, oder direkt am Geldmarkt. Sie kosten keinen Ausgabeaufschlag, allerdings Verwaltungsgebühren. Die Fonds sind seit ihrer Markteinführung ein erfolgreiches Produkt, sind sie doch einfach zu handhaben und bieten zudem ein Höchstmaß an Flexibilität. Es gibt keine vorgeschriebene Anlagedauer, keine festen Laufzeiten und es sind keine Kündigungsfristen oder festen Termine zu beachten. Anleger handeln das Instrument gerade so, wie sie es wollen. Die eingelagerten Gelder sind täglich verfügbar. Dabei ist das Kursrisiko gering – trotz der Schwankungen des Kapitalmark-

tes. Geldmarktfonds gibt es seit August 1994 in der Folge des Zweiten Finanzmarktförderungsgesetzes.

Empfehlenswert: Fondssparpläne

Mit regelmäßigem Investmentsparen zu einem ansehnlichen Fondsvermögen – dazu verhelfen Fondssparpläne. Per Dauerauftrag oder Einzugsermächtigung investiert der Anleger mit einem festen Betrag regelmäßig in Fondsanteile oder Bruchteile davon. Die Beträge sind mit 25 Euro oder 50 Euro meist so klein, dass bequem gespart werden kann. Dabei legt der Anleger selbst fest, ob er einmal im Monat oder nur jeden zweiten oder dritten Monat kauft. Damit ist schon ein ganz wichtiger Aspekt der Fondssparpläne angedeutet: die Flexibilität. Denn nahezu alles ist möglich: Raten erhöhen, erniedrigen, aussetzen oder auch schnell Kasse machen.

Der besondere Tipp

Wer Disziplin hat und kein festes, vorgeschriebenes Gerüst braucht, kann sich über Fondsanteile eine private Rente organisieren. Regelmäßig mit einem bestimmten Geldbetrag investieren kann man in nahezu alle Fondsarten, beachten Sie aber dabei Ihre Risikobereitschaft. Dabei gilt die Faustformel: 100 minus Lebensalter = Anteil von Aktienfonds. Wer weniger riskieren will, der bevorzuge Renten- oder offene Immobilienfonds.

Und es funktioniert auch anders herum: Mit einem Auszahlplan kann frau sich eine zweite oder dritte Rente aus einem vorhandenen Guthaben auszahlen lassen. Individuell auf das persönliche Bedürfnis abgestimmt. Organisieren können Sie dies mit und ohne Kapitalverzehr. Sehr empfehlenswert!

Der Cost-Average-Effekt

Ein weiterer Vorteil des Investmentsparens: der Cost-Average-Effekt. Wer jeden Monat kauft, zahlt mal hohe und mal niedrige Preise. Für die gleiche Summe bekommt man in guten Börsenzeiten weniger, in schlechten Börsenzeiten mehr Anteile. Dadurch wird ein ausgewogener Durchschnittspreis erzielt. Regelmäßig mit einem bestimmten Geldbetrag investieren kann man in nahezu alle Fondsarten. Der Zeithorizont beim Investmentsparen sollte wegen der hohen Gebühren bei der Fondsanlage und der möglichen Kursschwankungen mindestens sieben Jahre, besser zehn bis 15 Jahre oder länger betragen.

Und regelmäßiges Sparen trägt Früchte. Wer beispielsweise kontinuierlich in Aktienfonds mit deutschem, europäischem und internationalem Anlageschwerpunkt über einen Zeitraum von 30 Jahren einzahlte, wurde mit durchschnittlichen Wertzuwächsen zwischen 8,2 und 9,4 Prozent pro Jahr belohnt. Dies geht aus der zum 31. März 2006 erstellten Sparplan-Statistik des BVI, Bundesverband Investment und Asset Management e.V., über Ansparzeiträume von 30 Jahren hervor. Dabei sind alle Fondskosten – inklusive Ausgabeaufschlag – berücksichtigt.

Das bedeutet beispielsweise für Anleger, die seit März 1976 jeden Monat 100 Euro in Aktienfonds mit Schwerpunkt Deutschland investierten, dass sie Ende März 2006 über ein Vermögen von 184.155 Euro verfügten. Eingezahlt wurden nur 36.000 Euro.

Fondssparzahlen: Kleinvieh macht auch Mist

	10 Jahre eingezahlt 12.000 Euro	20 Jahre eingezahlt 24.000 Euro	30 Jahre eingezahlt 36.000 Euro
Deutsche Aktienfonds			
Ergebnis in Euro	16.403	57.502	184.155
In Prozent pro anno	6,1	8,0	9,4

Investmentfonds: große Möglichkeiten

	10 Jahre eingezahlt 12.000 Euro	20 Jahre eingezahlt 24.000 Euro	30 Jahre eingezahlt 36.000 Euro
Europäische Aktienfonds			
Ergebnis in Euro	15.187	51.766	146.811
In Prozent pro anno	4,6	7,1	8,2
Internationale Aktienfonds			
Ergebnis in Euro	14,763	52.319	159.523
In Prozent pro anno	4,1	7,2	8,6
Euro-Rentenfonds			
Ergebnis in Euro	14.593	42.850	101.998
In Prozent pro anno	3,8	5,5	6,2
Internationale Rentenfonds			
Ergebnis in Euro	13.996	42.858	107.995
In Prozent pro anno	3,0	5,5	6,5
Offene Immobilienfonds	13.725	37.545	83.850
In Prozent pro anno	2,6	4,3	5,1

Quelle: BVI

Bei Frauen beliebt: nachhaltige Investmentfonds

Es ist uns offensichtlich so gegeben. Wir Frauen haben einen besonderen Bezug zur Geldanlage und suchen nicht nur eine finanzielle, sondern auch eine moralische Rendite. Deswegen sind gerade bei Frauen nachhaltige Investmentfonds angesagt. Wie eine Studie des Mannheimer Zentrums für Europäische Wirtschaftsforschung nachwies, halten nachhaltige Aktienindizes mit konventionellen mit und erzielen teilweise sogar deutlich höhere Wertsteigerungen. Spitzenreiter ist dabei der Natur-Aktien-Index: Bei den Investmentfonds gibt es äußerst unterschiedliche Anlagestrategien. Hier gilt es, das individuell Passende auszuwählen.

Weiterführende Informationen:

www.nai-index.de – umfassende Informationen rund um den Natur-Aktien-Index
www.nachhaltiges-investment.de – Überblick über Öko-Fonds
www.bmu.de – Bundesumweltministerium gibt Broschüre heraus: „Mehr Wert – ökologische Geldanlagen"
www.ecoreporter.de – Informationen zu grünen Geldanlagen

Kapitallebensversicherung/ private Rentenversicherung: steuerlich nicht mehr bevorzugt

Die klassische Kapitallebensversicherung ist ein Paketprodukt aus Risikolebensversicherung und Sparvertrag. Sie kombiniert den Hinterbliebenenschutz mit einem langfristigen Sparvorgang. Im Todesfall wird von der ersten Beitragszahlung an die vereinbarte Versicherungssumme an die Familie ausgezahlt. Für den Erlebensfall wird ein so genannter Sparanteil für das Alter zurückgelegt.

Dafür garantieren die Lebensversicherer eine Garantieverzinsung. Alle höheren Renditeversprechen sind unverbindliche Prognosen. Denn die Wertentwicklung ist abhängig von den Überschüssen, welche die Versicherungsgesellschaft in Zukunft erwirtschaften kann. Dabei wird die Anlage der Versicherungsgelder durch das Versicherungsaufsichtsgesetz bestimmt. Nur 30 Prozent der Gelder dürfen in Aktien(-fonds) und 25 Prozent in Immobilien (-fonds) angelegt werden. Deswegen investieren die Versicherungen einen Großteil in festverzinsliche Wertpapiere. Der Versicherte erhält davon immer eine Überschussbeteiligung, doch deren Höhe variiert. Sicher ist allein die Versicherungssumme. Denn im Unterschied zu anderen Geldanlagen weiß der Kunde beim Versicherungssparen nicht, wie viel Prozent Zinsen er wirklich für sein eingezahltes Kapital bekommt.

Die Höhe der Überschussbeteiligung ist ungewiss

Die Privatrente ist eine Verwandte der Kapitallebensversicherung. Nur ohne Todesfallschutz und um diesen günstiger. Der große Vorteil der Privatrente ist die lebenslange Zahlung. Egal, wie alt Sie werden, ob unterdurchschnittlich oder hundertjährig, die private Rentenversicherung überweist auch, wenn Ihr eingezahltes Kapital rein rechnerisch schon verbraucht ist. Für den Abschluss einer privaten Rentenversicherung ist keine Gesundheitsprüfung erforderlich. Wie bei der Kapitallebensversicherung gilt eine garantierte Mindestverzinsung. Wie auch die gesetzliche Konkurrenz haben die privaten Rentenversicherer, besser formuliert ihre Kunden, ein Problem: die steigende Lebenserwartung. Damit dürfte die Überschussbeteiligung gerade in Niedrigzinsphasen nicht üppig ausfallen. Die private Rentenversicherung bietet zwei grundsätzliche Varianten. Nach einer Einmalzahlung gibt es die so genannte Sofortrente. Interessant für Menschen kurz vor oder im Rentenalter. Nach einer Kapitalüberweisung, denkbar aus einer Kapitallebensversicherung oder einem Sparplan, wird das Geld unmittelbar verrentet. Man kann dies auch anders formulieren: Die Privatrente ist eigentlich ein Auszahlungsplan. Laufzeit: lebenslänglich. Das Gegenstück zur Sofortrente ist die so genannte aufgeschobene Rentenversicherung. Hier sammeln sich

Sofortrente oder aufgeschobene Rentenversicherung

Beitragszahlungen in einem reinen Sparvertrag an, die dann im Alter als private Rente ausgezahlt werden.

Frauen sollten bei Abschluss einer Lebensversicherung zur gemeinsamen Risiko- und Altersvorsorge allerdings darauf achten, dass sie nicht nur Bezugsberechtigte im Todesfall des Partners sind, sondern zugleich als Versicherungsnehmerin erscheinen. Denn als alleiniger Versicherungsnehmer hat der Mann alle Rechte und kann die Bezugsberechtigung ohne Wissen der Partnerin auf eine andere Person übertragen. Sind beide Partner als Versicherungsnehmer eintragen, muss eine spätere Änderung auch von beiden unterschrieben werden. Auf diese Weise ist frau (auch Ehefrau) im Fall eines Falles gegen böse Überraschungen gefeit.

Steuerprivileg gestrichen

Die guten Zeiten sind vorbei. Nach mehrmaligem Anlauf wurde die Heilige Kuh der Finanzwelt, das Steuerprivileg der Lebensversicherung, geschlachtet. Seit 2005 müssen die Erträge neuer Verträge zur Hälfte besteuert werden, wobei diese früher nach zwölf Jahren Laufzeit steuerfrei waren. Durch den Wegfall des Steuerprivilegs werden Kapitallebensversicherungen weniger attraktiv. Nach jahrelangem politischem Gerangel wurde die Versicherungsbranche zum Verlierer. Denn als langfristige Geldanlageform war allein die Lebensversicherung steuerlich bevorzugt. Eingeführt vom preußischen Finanzminister Miquel, wurde sie vehement von der Versicherungsbranche verteidigt. Für Verträge, die bis zum 31. Dezember 2004 geschlossen wurden, gilt allerdings weiter das Steuerprivileg.
Die Besteuerung der Kapitallebensversicherung kommt in einer schwierigen Zeit für Versicherungen und Versicherte. Die Lebensversicherungsbranche und damit der Deutschen liebste Alters-

versorgung steckt in der schlimmsten Krise der Nachkriegszeit. Nahezu alle Anbieter von privaten Renten- und Kapitallebensversicherungen können die Gewinnversprechen von einst nicht mehr einlösen. Die Überschussbeteiligungen mussten deutlich heruntergefahren werden. Die Folge für die Kunden: Ihre Auszahlungen werden gekürzt, Prognosen gesenkt. Sicher ist den Versicherten nur der Garantieteil; der zweite, variable Teil hängt vom Überschuss, also dem Profit ab, den der Versicherer erwirtschaftet. Das Problem: Vielen Besitzern von Kapitallebensversicherungen wird ihre geschrumpfte Rendite erst bei Auszahlung bewusst.

Böses Erwachen: deutlich weniger Überschüsse

Garantiezins ist niedrig

Der gesetzliche Garantiezins für Lebensversicherungen sank zum 1. Januar 2004 von zuvor 3,25 auf 2,75 Prozent. Bundesfinanzminister Hans Eichel (SPD) schlug dem Bundesrat im Sommer 2003 eine entsprechende Verordnung vor. Kunden, die bereits einen Lebensversicherungsvertrag abgeschlossen haben, sind von der Reduzierung des Garantiezinses nicht betroffen. Der neue Mindestsatz gilt für Verträge, die nach dem 1. Januar 2004 geschlossen wurden. Das bedeutet: Die Versicherten bekommen für das gleiche Geld weniger garantiert.
Die Reduzierung des Garantiezinses wurde notwendig, weil die Renditen auf den Kapitalmärkten drastisch gefallen sind. Das gilt für Aktien ebenso wie für verzinste Wertpapiere, die den Großteil der Kapitalanlagen der Versicherer ausmachen. Die Renditen für erstklassige Staatsanleihen mit langer Laufzeit lagen nur noch geringfügig höher als der frühere Garantiezins von 3,25 Prozent. Zur Erläuterung: Der Garantiezins wird auf einem Niveau fixiert, das etwa 60 Prozent der Rendite von zehn Jahre laufenden Staatsanleihen entspricht. Die Veränderung des Garantiezinses ist ein seltenes Ereignis. Lange lag der Zins bei 3 Prozent. Erst 1987 und 1995 wurde er in zwei Schritten zunächst auf 4 Prozent erhöht, ehe er im Jahr 2000 auf 3,25 Prozent reduziert wurde.

Entwicklung des Garantiezinses

Zeit	Zinssatz in Prozent
um 1900	(in der Regel) 4,00
ab 1903	(in der Regel) 3,50
ab 1923 bis 1941	4,00
ab 1942 bis 1986	3,00
ab 1987 bis Juni 1994	3,50
ab Juli 1994 bis Juni 2000	4,00
Juli 2000 bis Ende 2003	3,25
ab 2004	2,75

Quelle: Versicherungsjournal

Besser verkaufen als kündigen

Häufig wollen oder müssen Menschen ihre Kapitallebensversicherung aus finanziellen Gründen auflösen. Und sinkende Renditen verunsichern viele Versicherungskunden. Deshalb überlegen einige, ob sie ihren Vertrag kündigen. Von den rund 86 Millionen Kapitallebens- und Rentenversicherungsverträgen hierzulande besteht nur etwa die Hälfte bis zum Ende der vereinbarten Laufzeit. Jede zweite also wird vorzeitig gekündigt, selbst wenn das ein schlechtes Geschäft ist. Denn im Kündigungsfall speisen die Versicherungsgesellschaften ihre Kunden mit dem meist mickrigen Rückkaufswert ab. Das ist das Sparguthaben samt Zinsen abzüglich der Kosten für Provision, Risikoschutz, Verwaltung und einer Stornogebühr von 3 bis 5 Prozent. Je nach Tarif und Versicherer kann es passieren, dass bei einer Stornierung in den ersten fünf bis acht Jahren allenfalls die eingezahlten Beiträge zurückgezahlt werden. Außerdem verlangt das Finanzamt von den Zinsen Kapitalertragsteuer und Solidaritätszuschlag, wenn der Abschluss der Police noch keine zwölf Jahre zurückliegt und der Sparerfreibetrag bereits anderweitig ausgeschöpft ist. Alternativ bieten Lebensversicherungsgesellschaften in finanziellen Notlagen verschiedene Möglichkeiten wie Beitragsstundung, reduzierte Beiträge oder Auszahlung der Überschüsse an. Zudem gibt es seit Kurzem einen Zweitmarkt für Kapitallebensversicherungen und damit einige Unternehmen, die den Ankauf der Police anbieten. Die Firmen kaufen kündigungswilligen Kunden Verträge zu einem besseren Preis als dem Rückkaufswert ab – nach eigenen Angaben mit einem Aufschlag von 5 bis 15 Prozent. Einen organisierten Markt für Gebraucht-Policen gab es zuvor in Deutschland nicht. In Großbritannien ist dieser seit dem Ende des 19. Jahrhunderts etabliert und auch in den USA ist dieser Geschäftszweig weit verbreitet.

Ende der „Gutsherrenart"

Versicherungen müssen ihre Kunden künftig „angemessen" an den stillen Reserven beteiligen. Zudem müssen Versicherte mehr Einblick in die Kalkulation der Kapitallebensversicherer erhalten. Dies entschied das Bundesverfassungsgericht mit bahnbrechenden Urteilen im Juli 2005.

Begründung: Die gesetzlichen Regelungen für die kapitalgebundene Lebensversicherung mit Überschussbeteiligung genügten nicht den verfassungsrechtlichen Schutzanforderungen. Es fehlten hinreichende rechtliche Vorkehrungen dafür, dass bei der Berechnung des Schluss-Überschusses die durch die Prämienzahlungen geschaffenen Vermögenswerte angemessen berücksichtigt werden.

Insbesondere gibt es keine Möglichkeit der Klärung, ob der Schluss-Überschuss zu gering festgesetzt worden ist, etwa durch die Nichtberücksichtigung stiller Reserven und durch nicht gerechtfertigte Querverrechnungen, so das Gericht im Verfahren gegen die Gothaer Lebensversicherung.

Gegenwärtig seien die Interessen der Versicherten damit nicht ausreichend geschützt, so die Verfassungsrichter. Stille Reserven

entstehen immer dann, wenn der Buchwert etwa von Aktien oder Immobilien geringer ist als ihr Marktwert.
Das Gericht gab damit drei Versicherten Recht, die auf Betreiben des Bundes der Versicherten e.V. (BdV) höhere Überschussbeteiligungen aus ihren Kapitallebensversicherungen gefordert und eine Verletzung ihrer Eigentumsrechte moniert hatten.
Die Branche reagiert endlich auf Gerichtsurteile und Verbraucherkritik. So plant der Gesamtverband der deutschen Versicherungswirtschaft eine konsequente und zügige Modernisierung des einstigen Selbstläufers.

Beliebtheit der privaten Rentenversicherung steigt

Fast ein Drittel der deutschen Berufstätigen (27,9 Prozent) rechnet aktuell damit, im Alter Geld aus einer privaten Rentenversicherung zu beziehen. Von den heutigen Rentnern und Pensionären verfügen nur 5,7 Prozent über diese Vorsorgeform, wie eine deutschlandweit repräsentative Studie der Postbank in Zusammenarbeit mit dem Institut für Demoskopie Allensbach ergibt.
Exakt 10,8 Prozent aller deutschen Berufstätigen planen demnach aktuell den Neuabschluss oder die Erhöhung einer privaten Rentenversicherung. Damit ist dies die zweitbeliebteste Anlageform zur privaten Altersvorsorge, in die Berufstätige künftig investieren möchten. An erster Stelle steht mit 11,8 Prozent der Kauf einer Immobilie zur Eigennutzung. Doch zwischen den Generationen gibt es deutliche Unterschiede: Während fast jeder fünfte (19,6 Prozent) der 16- bis 29-Jährigen die private Rentenversicherung zur Verstärkung der Altersvorsorge jetzt ins Auge fasst, ist dies bei den 30- bis 49-Jährigen nur zu 9,6 Prozent der Fall; bei den über 50-Jährigen gar nur zu 5,7 Prozent.
Hintergrund scheint hier die für jüngere Jahrgänge exponentiell steigende Lebenserwartung zu sein. So geben in der Postbank-Studie fast 50 Prozent der Berufstätigen zwischen 16 und 49 Jahren an, dass eine lebenslang garantierte Privatrente für sie die

„ideale Form der Altersvorsorge" sei. Bei den über 50-Jährigen sind dies dagegen nur rund 37 Prozent.
Für Frauen empfiehlt sich eine private Rentenversicherung, die zusätzlich zur gesetzlichen Rente das monatliche Salär aufpäppelt. Diese zahlt dann monatlich eine gleich bleibende Rente garantiert bis zum Lebensende.

Frauenprodukte – wenig empfehlenswert

Mit einer neuen Rentenversicherung namens „Woman's Future" will eine Versicherung jungen Frauen im Beruf die Möglichkeit geben, für eigenen Nachwuchs und gleichzeitig auch für die eigene Zukunft zu sorgen. Die Idee: Eine Beitragsüberbrückung bis 36 Monate, in der nicht eingezahlt werden muss. Geht der Kinderwunsch dann in Erfüllung und die Frau in Elternzeit, werde mit „Woman's Future" die Haushaltskasse geschont. Dies kann jedoch nur einmalig in Anspruch genommen werden.
Fazit: Die Auszeit kostet Rendite, die Frauen im Alter dringend benötigen. Besser durchgängig einzahlen! Es ist sinnvoll, für die Altersvorsorge auch in der Familienphase weiter zu sparen: Wenn irgend möglich, sollte die Familie oder der Mann weiter zahlen. Obwohl so genannte Frauenprodukte gerade diese Möglichkeit eröffnen, sollte man die Jahre nutzen. Zudem verdienen einige Frauenprodukte auf dem Markt diese Bezeichnung nicht. Teile der Offerten werden zudem zu Renditekillern. Doch die Thematik zeigt: Moderne Lebensentwürfe und die üblichen Erwerbsbiografien von Frauen brauchen vor allem eins: neue Finanzprodukte für die Vorsorge. Benötigt wird in der Finanz- und Versicherungsbranche neues Denken mit Fantasie und Chancen. Wir Frauen warten ungeduldig auf sichere, verständliche und flexible Produkte mit attraktiven Renditen.

Renditekiller

„Rürup-Rente" oder Basis-Rente: geeignet nur für wenige

Die Rürup-Rente soll der privaten Altersvorsorge einen neuen Schub geben. Viele Experten bezweifeln dies und bemängeln die starren Regelungen und die steuerliche Behandlung des Produkts. Benannt ist die Rente nach Professor Dr. Bert Rürup, der an der Technischen Universität Darmstadt lehrt und als einer der fünf Wirtschaftsweisen namentlich verewigt wird, weil er der Vorsitzende der „Sachverständigenkommission zur Neuordnung der Besteuerung von Altersvorsorgeaufwendungen und Alterseinkommen“ ist.

Der eigentliche Clou der Rürup-Rente: Der Fiskus finanziert die Beiträge mit. Wer mit einer solchen neuen Rentenversicherung für sein Alter vorsorgt, kann die Beiträge von der Steuer absetzen. 2006 sind bereits 62 Prozent der Beiträge steuerlich absetzbar. Bis 2025 steigt dieser Anteil in jährlichen Zweiprozentpunktschritten auf 100 Prozent. Damit gibt es keine vergleichbare Anlage, die so massiv steuerlich gefördert wird und dabei so hohe Einzahlungen erlaubt. Beispielsweise können ab 2006 Beiträge bis zu 20.000 Euro pro Jahr abgesetzt werden. Prinzipiell ist es zudem möglich, eine Berufs-/Erwerbsunfähigkeitsversicherung und Hinterbliebenenrente zu integrieren.

Prinzipiell eignet sich die Rürup-Rente vorwiegend für Alleinstehende, Selbstständige und Freiberufler. Auch gut verdienende Arbeitnehmer und Beamte können mit der Rürup-Rente als Leibrente in reinster Form ihre Altersvorsorge weiter ausbauen. Die Rürup-Rente berechtigt frühestens ab einem Alter von 60 Jahren zu monatlichen Rentenzahlungen. Deren Höhe ist abhängig von den zuvor gezahlten Beiträgen sowie dem Anlageerfolg des Produktanbieters.

Das Problem bei Leibrenten wie der Rürup-Rente: Sie müssen tatsächlich als Renten ausgezahlt werden. Das bedeutet aber auch:

Zahlt man ein ganzes Erwerbsleben, gehen beim frühen Tod alle Ansprüche, die gesamte angesparte Summe, verloren und Frau, Kinder oder sonstige Familienangehörige leer aus. Mittlerweile gibt es auch schon Angebote auf dem Markt, die diesen Makel ausräumen wollen. Der Vertrag ist dann mit einem Todesfallschutz versehen. Die eingesetzten Beiträge bleiben also in jedem Fall erhalten.

Frauen, die gut verdienen, sollten die Basis- oder Rürup-Rente prüfen. So können Aufwendungen für die Altersvorsorge als Sonderausgaben abgesetzt werden. Dabei ist allerdings eine Absprache mit dem Steuerberater vonnöten, zeigen sich doch – wie die Zeitschrift *Finanztest* berichtet – Konstruktionsmängel im Gesetz. Die Versicherung ist auch für selbstständige Frauen interessant. Sie können die Vorsorgeaufwendungen gemeinsam mit Beiträgen für die gesetzliche Rentenversicherung oder der Kammerversorgung für Freiberufler bis 20.000 Euro pro Person und Jahr absetzen. Aber aufgepasst: Die späteren Rentenzahlungen müssen wie gesetzliche Renten nachgelagert versteuert werden. Ab 2040 zu 100 Prozent. Rechnen mit spitzem Bleistift ist deshalb angesagt.

Achtung: nachgelagerte Besteuerung!

Plus und Minus mit Rürup

Die Experten von *Finanztest* haben errechnet: Selbstständige, die den Höchstbetrag von 5.069 Euro im Jahr für Vorsorgeaufwendungen absetzen, erzielen mit der Rürup-Rente meist schlechte Renditen. Denn für eine Einzahlung in die Rürup-Rente bis zu 4.448 Euro bekommen sie keinerlei Steuervorteile. Je nach persönlichem Steuersatz und Laufzeit kann die Rendite in einigen Fällen sogar negativ werden. Erst bei höheren Einzahlungen macht sich die Basisrente steuerlich bezahlt. Für Selbstständige mit hohen Sparraten oder geringen anderen Vorsorgeaufwendungen rechnet sich der Abschluss.

- Minus mit Rürup-Rente: Wer als Selbstständiger mehr als 5.069 Euro im Jahr für sonstige Vorsorgeaufwendungen absetzt, erzielt mit der Rürup-Rente schlechte Renditen. Besonders dann, wenn wenig eingezahlt wird.
- Neutral mit Rürup-Rente: Selbstständige, die für sonstige Vorsorgeaufwendungen 3.500 Euro im Jahr absetzen, erzielen die Nachsteuerrendite, die ihr Rürup-Vertrag auch ohne Förderung bringt.
- Plus mit Rürup-Rente: Für ältere Selbstständige, die nicht mehr als 2.400 Euro für sonstige Vorsorgeaufwendungen absetzen, ist die Basisrente sinnvoll. Steuervorteile steigern für sie eine Produktrendite von 4 Prozent auf bis zu 5,5 Prozent.

Risikoprodukte: nur für Erfahrene

Zum großen 1 x 1 der Börsenprodukte gehören die Derivate. Der Begriff stammt vom Lateinischen „derivare“, das mit „ableiten“ übersetzt werden kann. Derivate sind also Finanzinstrumente, die von anderen Finanzprodukten abgeleitet werden oder denen andere Finanzprodukte zugrunde liegen. Letztere werden als Basiswerte oder Underlyings bezeichnet. Dies können sein: Aktien, Aktienkörbe – so genannte Baskets –, Indizes, Anleihen, Währungen oder auch Waren und Rohstoffe. Die Wertentwicklung der Derivate hängt von der Wertentwicklung der Underlyings ab. Die wichtigsten Derivate sind Futures, Optionen, Optionsscheine und Indexzertifikate. Zu den Risikoprodukten zählen aber auch Aktienanleihen und Hedgefonds.

Futures – Geschäft für die Zukunft

Futures sind Termingeschäfte, bei denen der Preis, zu dem das Geschäft abgewickelt wird, bereits bei Vertragsabschluss fixiert wird. Bei Fälligkeit des Futures zu einem festen Termin muss der Anleger – je nach Art des Geschäfts – eine bestimmte Menge des Basiswerts zum vorher festgelegten Preis kaufen oder verkaufen. Das Geschäft ist für beide Seiten bindend, egal wie der Basiswert zum Stichtag steht. Zu einem Future-Geschäft gehören grundsätzlich immer zwei: ein Käufer und ein Verkäufer. Beide gehen eine Geschäftsverpflichtung ein. Der Käufer verpflichtet sich, eine bestimmte Ware abzunehmen, der Verkäufer verpflichtet sich, diese Ware zu liefern. Sowohl die Erfüllung des Geschäfts – Lieferung oder Abnahme – als auch die Zahlung des Kaufpreises liegen in der Zukunft. Futures sind vor allem deswegen risikoreich, weil nicht nur das eingesetzte Kapital verloren gehen kann, sondern auch eine Pflicht besteht, noch mehr Kapital nachzuschießen.

Verpflichtung zur Vertragserfüllung

Option – der Käufer hat die Wahl

Im Gegensatz zu den unbedingten Termingeschäften wie den Futures, bei denen beide Seiten, Käufer und Verkäufer, zur Vertragserfüllung verpflichtet sind, sind Optionen so genannte bedingte Termingeschäfte. Denn bei ihnen hat der Käufer am Ende die Wahl: Er kann sein Recht ausüben – oder es verfallen lassen. Es besteht keine Verpflichtung, die Option auch auszuüben. Denn nicht zufällig kommt Option von (lateinisch) „optio“ – das man mit freier Wille übersetzen kann. Ob der Optionskäufer sein erkauftes Recht nutzt, hängt dabei entscheidend von der aktuellen Börsenentwicklung ab. Denn bei Optionen erwirbt der Käufer das Recht, eine Aktie oder einen Index zu einem vorher festgelegten Preis – dem Basispreis – an einem bestimmten Tag zu kaufen (Call-Option) oder zu verkaufen (Put-Option). Für dieses Wahlrecht zahlt der Optionsscheinkäufer eine Prämie. Das

Bedingtes Termingeschäft

Verlustrisiko ist für den Käufer also auf diese Optionsprämie beschränkt. Denn diese hat er auf jeden Fall zu zahlen, auch wenn er die Option nicht ausübt, weil beispielsweise der Aktienkurs unter den Basispreis gefallen ist und er die Aktie direkt an der Börse billiger kaufen kann als vom Verkäufer der Option.

Optionsscheine – Wertpapiere für Spekulanten

Kein Termingeschäft, sondern ein Wertpapier wie Aktien und Anleihen. Optionsscheine, englisch: Warrants, verbriefen weder Eigentum noch werden die Inhaber Gläubiger. Die Scheine enthalten keinen Substanzwert. Sie verbriefen nur einen zeitlich befristeten Rechtsanspruch, ein bestimmtes Wertpapier gegen Zahlung eines exakt fixierten Preises kaufen zu können. Mit anderen Worten: Wer einen Optionsschein kauft, erwirbt lediglich eine Art Vorkaufsrecht.

Das Geschäft mit Optionsscheinen in Deutschland boomt. Der Reiz der Optionsscheine besteht darin, dass man mit vergleichsweise kleinem finanziellem Einsatz in kurzer Zeit hohe Kursgewinne, aber auch einen Totalverlust machen kann. Allerdings ist im Gegensatz zum Future-Geschäft der maximale Verlust auf 100 Prozent – nämlich auf den Kapitaleinsatz – begrenzt.

Optionsscheine sind Wetten auf zukünftige Kurse. Ein Optionsschein verbrieft das Recht, innerhalb einer bestimmten Laufzeit ein bestimmtes Basisinstrument – eine Aktie oder einen Index – zu einem vorher festgelegten Preis zu kaufen oder zu verkaufen. Bei Verkaufsoptionsscheinen spricht man auch von Puts, Kaufoptionsscheine heißen Calls. Diese gewinnen mit steigenden, Puts dagegen mit sinkenden Notierungen des Basiswerts. Der Inhaber eines Optionsscheins kann von seinem Recht auf Inanspruchnahme Gebrauch machen – muss dies aber nicht. Es gibt keine Verpflichtung. Er tut dies nur, wenn es vorteilhaft für ihn ist. Ansonsten verfällt der Optionsschein.

Puts und Calls

Indexzertifikate – auf einen Index setzen

Sie heißen Beteiligungsscheine, Stars, Baskets, Perles, Bull-Zertifikate, Partizipationsscheine oder einfach Zertifikate. Und sie machen Furore – bei Bankern und Anlegern. Denn mit einem Indexzertifikat kann man sich tatsächlich günstig an der Wertentwicklung eines gesamten Marktes beteiligen.

Dabei sind Indexzertifikate Schuldverschreibungen der Banken, also Anleihen. Wie bei den anderen börsennotierten Wertpapieren dieser Art ist der Käufer Gläubiger und überlässt dem Emittenten sein Geld nur leihweise, um es nach Ablauf einer bestimmten Frist zurückzuverlangen. Allerdings erfolgen im Gegensatz zu den üblichen Anleihen keine Zins-, sondern lediglich Rückzahlungen am Ende der Laufzeit. Und deren Höhe richtet sich nach dem Wert der Indizes, die dem Zertifikat zugrunde liegen. Damit sind Zertifikate auch Derivate, aber im Vergleich zu Futures, Optionen und Optionsscheinen mit einem sehr viel geringeren Risiko behaftet.

Indexzertifikate orientieren sich an verschiedenen Indizes wie am deutschen DAX, der die 30 größten deutschen Aktienwerte repräsentiert, oder am amerikanischen Dow Jones. Damit sind sie sehr transparent – jeder Anleger weiß, was er einkauft, und kann die Entwicklung leicht in der Tageszeitung verfolgen. Durch die breite Streuung ist das Risiko der Geldanlage relativ gering. Der Käufer eines Zertifikats partizipiert an Gewinn und Verlust eines bestimmten Börsenbarometers. Indexzertifikate haben in der Regel ein einfaches Bezugsverhältnis, meist 1:10 oder 1:100. Das bedeutet: Bei einem Stand des DAX von 3.800 Punkten kostet ein entsprechendes Zertifikat also 38 oder 380 Euro. Je nachdem, wie der entsprechende Index dann steigt, so steigen auch die Zertifikate im Wert. Klettert der DAX nun auf 4.400 Punkte, ist das Zertifikat 44 oder 440 Euro wert. Sinkt er dagegen auf 3.300, dann hat man schnell 5 oder 50 Euro verloren.

Breite Streuung – relativ geringes Risiko

Aktienanleihen – Angebote genau prüfen

Auf den ersten Blick scheinen Angebote für Aktienanleihen verlockend. Während bei einer normalen Anleihe der Nennbetrag bei Fälligkeit automatisch zurückgezahlt wird, hat der Emittent bei dieser speziellen Anleihe ein Wahlrecht. An einem bestimmten Termin vor der Fälligkeit darf er sich entscheiden, ob er dem Anleger sein Kapital zurückzahlt oder stattdessen eine in den Emissionsausschreibungen fest zugesagte Anzahl bestimmter Aktien ins Depot bucht. Somit ist eine Aktienanleihe sozusagen eine Zwangs-Wandelanleihe. Denn bei Aktienanleihen liegt das Risiko nicht bei den Herausgebern – den Geldinstituten –, sondern allein beim Anleger. Der Grund: Die Anleihemanager machen ihre Entscheidung vom Börsenkurs der entsprechenden Aktie abhängig. Liegt der Kurs der Aktie unterhalb eines bestimmten Wertes, liefern sie die Aktien. Liegt der Kurs der Aktie darüber, gibt es den Nominalwert zurück, und der Anleihekäufer hat ein gutes Geschäft gemacht. Stürzt die Aktie aber ab, kann es für den Anleger kritisch werden.

Denn in der Aktienanleihen-Konstruktion steckt ein Optionsgeschäft – eine so genannte Put-Option – und aus dem Gläubiger mit Anleihebesitz wird ein Stillhalter in Geld bei diesem Termingeschäft. Und der Zins, der über dem Marktzins liegt, ist seine Optionsprämie. Brechen die Aktien tatsächlich ein, haben die Emittenten aber ein kleines Trostpflästerchen parat: Auf die Aktien gibt es Rabatt. Man bekommt mehr Aktien, als man eigentlich erhalten hätte.

Wichtig: Volatilität und Laufzeit

Grundsätzlich hängt das Risiko dieser Anlageart von der Volatilität, also der Breite der Kursschwankung, der Aktie ab, die der Anleihenbesitzer eventuell zugeteilt bekommt. Dabei gilt: Je höher die Volatilität, desto höher der Zins. Weiteres Risiko bei dieser Finanzprodukt-Konstruktion: die Länge der Laufzeit. Je länger die Laufzeit, desto höher muss die Verzinsung sein. Denn je länger die Aktienanleihe läuft, umso unkalkulierbarer wird die Entwicklung der Aktie.

Aktienanleihen verbinden die Nachteile der beiden Wertpapiere Aktien und Anleihen: Bei schlechter Börse nimmt eine Aktienanleihe an den Verlusten der Unternehmenswerte teil, bei guter Börse sind die Gewinnchancen durch die Anleihen-Verzinsung gebremst. Anders herum formuliert: Mit Aktienanleihen trägt der Anleger bei bescheidener Prämie das volle Risiko.
Deswegen sind für den Anleger Aktienanleihen nur dann ein gutes Geschäft, wenn der Kurs der dahinterstehenden Aktien während der Laufzeit weitgehend stagniert. Dann kann er sich uneingeschränkt über die hohe Verzinsung der Anleihe freuen.
Anlegerschützer warnen vor Aktienanleihen. Sie machen darauf aufmerksam, dass es sich dabei um verdeckte Optionsgeschäfte handelt, bei denen eine spezielle Aufklärungspflicht entsprechend der Warenterminrechtsprechung gilt. Dadurch sind die Geschäfte nur verbindlich, wenn ein börsentermingeschäftsfähiger Anleger eine Unterschrift nach dem Börsengesetz geleistet hat. Wurde die Erklärung nicht unterschrieben, kann der Anleger den Ersatz des entstandenen Schadens verlangen.

Hedgefonds – weiterhin umstritten

Seit dem 1. Januar 2004 zugelassen gibt es mittlerweile ein halbes Dutzend Hedgefonds auf dem deutschen Markt. Hedge bedeutet eigentlich: Hecke, Einfriedung, Schutzumrandung. Hedging entstand am Ende des 19. Jahrhunderts, als sich Investoren infolge der zunehmenden Globalisierung und Industrialisierung gegen Aktien-, Zins-, oder Währungsrisiken absichern wollten.
Dabei stiftet der Begriff „Hedgefonds“ Verwirrung. Deswegen sollte man den Terminus als Dachbegriff für eine Vielzahl komplexer und äußerst unterschiedlicher Anlagestrategien auffassen, die unterschiedlicher kaum sein können. Prinzipiell funktionieren die allerdings viel risikoreicheren Hedgefonds wie ein Investmentfonds. Anleger investieren Geld in einen Topf, den ein einzelner Manager versucht zu vermehren. Allerdings bekommen Anleger

ihre Gelder häufig erst einige Monate nach Kündigung wieder zurück.

Einige Hedgefonds-Strategien bergen große Risiken, vor allem wenn sie Kredite aufnehmen und mit Derivaten gehebelt sind. Andere wiederum haben nur einen geringen Zusammenhang zur Entwicklung der klassischen Aktien- und Anleihemärkte oder sie versuchen, über so genannte Leerverkäufe bei fallenden Aktien- und Rentenmärkten Gewinne einzufahren.

Kassensturz für den Überblick: Wo stehen Sie heute?

Eines ist typisch und weit verbreitet: Das Potpourri der Geldanlagen aus Wertpapieren oder Sparbriefen ist meist das Ergebnis einer eher zufälligen Mischung über viele Jahre hinweg. Das Portfolio ergibt daher nur selten ein stimmiges Gesamtbild. Deshalb ist zunächst eine Datenaufnahme nötig. Hierzu gehören die Bestände auf dem Girokonto genauso wie die Beträge auf dem Fondskonto. Hinzuziehen sollten Sie zudem unbedingt die aktuelle Renteninformation der gesetzlichen Rentenversicherung ebenso wie die Mitteilungen von Versorgungswerken und aktuelle Rückkaufswerte von Lebensversicherungen oder andere vorhandene Vermögensanlagen mit ihren aktuellen Werten.

Checkliste Vermögensbilanz: Wo steht Familie Bayer aktuell?

Guthaben	
Girokonto	500 Euro
Fest- und Tagesgeldkonten	5.000 Euro
Sparbuch	10.000 Euro
Bundesschatzbriefe	4.500 Euro
Aktien	1.000 Euro
Investmentfonds – anhand der Rücknahmepreise	
Geldmarktfonds	10.000 Euro
Aktienfonds	2.000 Euro
Rentenfonds	3.000 Euro
offene Immobilienfonds	5.000 Euro
Kapitellebensversicherungen (Rückkaufswerte)	15.000 Euro

Immobilienvermögen (selbst genutzt/vermietet/ geschätzter Marktwert)	200.000 Euro
Summe Vermögen	256.000 Euro

Eine solche Checkliste kann – weil Sie sich ja schon die Mühe gemacht haben – über die Jahre fortgeschrieben werden. So erkennen Sie die Entwicklung der einzelnen Vermögenswerte und ob Ihre Bemühungen Früchte tragen. Sie sollten sich regelmäßig – und vor allem dann, wenn Veränderungen der Lebenssituation wie Heirat, Geburt eines Kindes oder Arbeitslosigkeit anstehen – einen solchen Überblick verschaffen. Immer wieder aktualisiert, weist die Checkliste stets die Höhe Ihres Vermögens aus.

Checkliste Vermögensbilanz: Wo stehen Sie finanziell im Jahre 2006?

Guthaben

Girokonto
Fest- und Tagesgeldkonten
Sparbuch
Sparbrief
Bundesschatzbriefe
Anleihen, Renten
Aktien
Investmentfonds – anhand der Rücknahmepreise
Geldmarktfonds
Aktienfonds
Rentenfonds
offene Immobilienfonds
Kapitellebensversicherungen (Rückkaufswerte)
Bausparverträge
Immobilienvermögen (selbst genutzt/vermietet/geschätzter Marktwert)

Sonstige Vermögen

Summe Vermögen

Ihre Verbindlichkeiten

Dispositionskredit
Ratenkredit
BaföG-Darlehen
Immobilienkredit
Darlehen von Privatpersonen
Arbeitgeberdarlehen
Sonstige Verbindlichkeiten

Summe Verbindlichkeiten

Nettovermögen (Vermögen minus Verbindlichkeiten)

Ergänzen Sie die Checkliste regelmäßig um Ihre neuen beziehungsweise aktualisierten Geldanlagen.
Bitte beachten Sie: Schwierig ist die richtige Bewertung von Sachwerten wie Schmuck, Kunstgegenständen und Teppichen. Diese sind nicht unbedingt zum gewünschten Preis verkäuflich und kaum mit einer konkreten Summe zu bewerten. Am besten beziehen Sie solche Werte nicht in Ihre Planung für die Altersvorsorge ein. Erbschaften sind sicher nur sehr vorsichtig in einer Vermögensaufstellung unterzubringen. Hier wird es viele Fragezeichen bei Höhe der Summe und beim Zeitpunkt geben. Einfacher dürften für die Begünstigten Schenkungen einzuplanen sein.
Bei Kapitallebensversicherungen und privaten Rentenversicherungen sollten Sie nicht die garantierten oder hochgerechneten Versicherungssummen eintragen, sondern die aktuellen Rückkaufswerte. Denn dies sind die Beträge, die Sie im Krisenfall von der jeweiligen Versicherungsgesellschaft zurückbekommen. Bei einer Immobilie – egal ob Eigentumswohnung, Grundstück oder Haus – sollten Sie prüfen, beispielsweise einen Makler fragen, wie viel sie inzwischen wert ist.

Blick in die Zukunft

Nun werfen wir einen Blick in die Zukunft. Genauer auf die Zeit nach der Erwerbsphase. Damit Sie Ihren heutigen Stand für Ihre Einkünfte von morgen kennen – und eventuell noch daran arbeiten können. Was wird sein, wenn ich 66 bin? Eine Frage, die niemand beantworten kann. Aber Sie können schon vorher errechnen, wie und ob sich Ihre Träume im dritten Lebensabschnitt verwirklichen lassen. Ob Weltreise oder Rosenzucht – der Mensch hat feste Ausgaben und dafür benötigt er Liquides.

Gesetzliche Rentenversicherung: schnell auszurechnen

z.B.

Durchschnittsverdienst aktuell etwa 30.000 Euro

Beispiel 1: Teilzeitbeschäftigung 15.000 Euro Jahresverdienst

Entspricht einem halben Entgeltpunkt multipliziert mit 26,13 Euro (aktueller Rentenwert/West, Ost: 22,97), das wiederum mit 26 Jahren (durchschnittliche Verdienstjahre von Frauen) multipliziert ergibt eine monatliche gesetzliche Rente von 339,69 Euro, Inflation nicht einberechnet.

Beispiel 2: guter Verdienst 60.000 Euro Jahresverdienst

Entspricht zwei Entgeltpunkten multipliziert mit 26,13 Euro (aktueller Rentenwert/West, Ost: 22,97), das wiederum mit 26 Jahren (durchschnittliche Verdienstjahre von Frauen) multipliziert ergibt eine monatliche gesetzliche Rente von 1358,76 Euro, Inflation nicht einberechnet.

Einen Überblick über den aktuellen und möglichen Stand in der Zukunft bietet die Renteninformation. Sie informiert die Versicherten zwischen 27 und 54 Jahren über den Stand ihrer zu erwartenden gesetzlichen Rente. Voraussetzung ist, dass sie zu diesem Zeitpunkt mindestens für fünf Jahre Beiträge in die Rentenversicherung eingezahlt haben. Ab 55 wird die Renteninformation durch die Rentenauskunft ersetzt. Die Rentenauskunft kommt alle drei Jahre und enthält einen kompletten Versicherungsverlauf und den vollständigen Gang der Rentenberechnung – jedoch keine Hochrechnung wie bei der Renteninformation.
Die Renteninformation soll ein Hilfsmittel für die Planung der Altersvorsorge sein, da sie über den aktuellen Stand des Rentenkontos informiert. Sie ist sozusagen der Kontoauszug Ihrer bisher erworbenen Rentenansprüche. So gibt die Renteninformation Auskunft über alle Beiträge, die bisher auf das persönliche Rentenkonto eingezahlt wurden, sowie über alle Zeiten, die für die Ermittlung der Rente von Bedeutung sind. Voraussetzung ist, dass über diese Versicherungszeiten ein Nachweis vorliegt. Angezeigt werden zudem bisher erworbene Rentenansprüche und die Höhe der voraussichtlichen Rente. Durch die jährliche Zusendung können die Versicherten auch erfahren, wie sich ihre weiteren Beiträge auf ihre Ansprüche ausgewirkt haben. Aber: Dieser Kontoauszug löst keinen Rechtsanspruch aus. Unklarheiten oder mögliche Fehler können allerdings frühzeitig durch persönliche Beratung mit dem Rentenversicherungsträger geklärt werden.
Doch kaum waren im Jahre 2002 die ersten Renteninformationen verschickt, hagelte es Kritik: Bei den Berechnungen wurde und wird weiterhin die Inflation nicht berücksichtigt. Deswegen entsteht ein zu positiver Eindruck. Außerdem wurde neben der Hochrechnung ohne Rentenanpassung und einer solchen mit 1,5 Prozent auch die optimistische Variante mit einer jährlichen Rentensteigerung von 3,5 Prozent angeboten.
Seit 2006 gibt es etwas mehr Ehrlichkeit und Realismus bei der Renteninformation. Denn die Deutsche Rentenversicherung senkte die Zinssätze, mit denen die zu erwartenden Renten in den

Renteninformationen hochgerechnet werden: auf 1 Prozent in der niedrigeren und auf 2 Prozent in der höheren Variante. Zusätzlich wird auch die Rente ausgewiesen für den wahrscheinlichen Fall, dass es keine Rentenanpassungen gibt. Ein Szenario, das die aktuelle Rentnergeneration aus den vergangenen Jahren schon kennt. Also: Es ist realistisch, von einem Nullwachstum bei den Renten auszugehen.

!

Nur scheinbar macht die Prognose keinen großen Unterschied. Doch das Gegenteil ist der Fall. Wer heute 30 Jahre alt ist, muss, wenn die Prognose – wie geschehen – von 2,5 auf 2 Prozent gesenkt wird, von einer um 16 Prozent verminderten Rente ausgehen. Doch wir Rentenzahler sind zu positive Prognosen gewöhnt: Schon 2004 hatte die damalige BfA die Prognose für die Rentenanpassungen von 3,5 auf 2,5 Prozent herabgesetzt. Das dürfte noch nicht das Ende der Zahlenspiele sein!
Die Deutsche Rentenversicherung informiert im Jahr 2006, dass für Versicherte der Jahrgänge bis 1946 in der Renteninformation keine Dynamisierungen mehr ausgewiesen werden, weil in den kommenden Jahren geringe durchschnittliche Rentenanpassungen erwartet werden. Die Versicherten der Jahrgänge 1947 bis 1951 erhalten Renteninformationen mit nur einer Hochrechnung über eine Rentensteigerung von durchschnittlich 1 Prozent pro Jahr. Ausdrücklich weist die überarbeitete Renteninformation zukünftig auf die geplante Anhebung der Regelaltersgrenze auf 67 Jahre hin, ebenso auf die Berücksichtigung der Wirkung des vorgesehenen Nachholfaktors bei künftigen Rentenanpassungen.

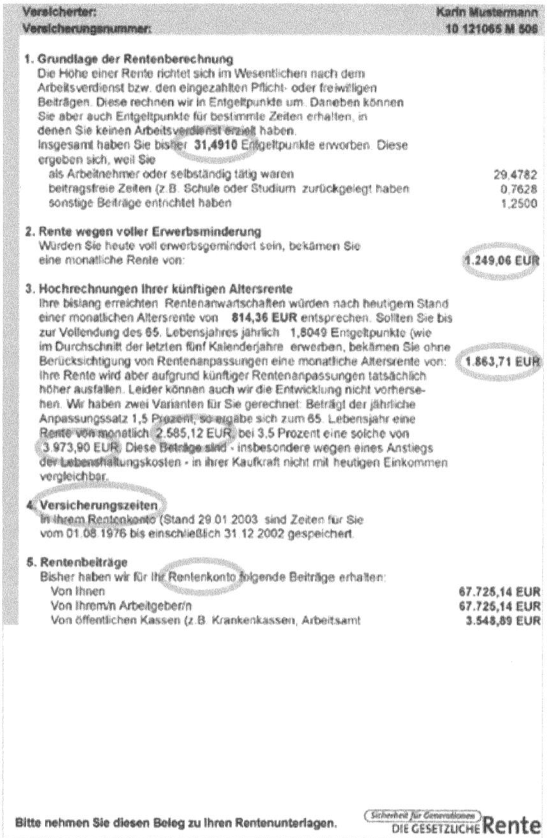

Versicherter:	**Karin Mustermann**
Versicherungsnummer:	**10 121065 M 506**

1. Grundlage der Rentenberechnung

Die Höhe einer Rente richtet sich im Wesentlichen nach dem Arbeitsverdienst bzw. den eingezahlten Pflicht- oder freiwilligen Beiträgen. Diese rechnen wir in Entgeltpunkte um. Daneben können Sie aber auch Entgeltpunkte für bestimmte Zeiten erhalten, in denen Sie keinen Arbeitsverdienst erzielt haben.

Insgesamt haben Sie bisher **31,4910** Entgeltpunkte erworben. Diese ergeben sich, weil Sie

als Arbeitnehmer oder selbständig tätig waren	29,4782
beitragsfreie Zeiten (z.B. Schule oder Studium zurückgelegt haben	0,7628
sonstige Beiträge entrichtet haben	1,2500

2. Rente wegen voller Erwerbsminderung

Würden Sie heute voll erwerbsgemindert sein, bekämen Sie eine monatliche Rente von: **1.249,06 EUR**

3. Hochrechnungen Ihrer künftigen Altersrente

Ihre bislang erreichten Rentenanwartschaften würden nach heutigem Stand einer monatlichen Altersrente von **814,36 EUR** entsprechen. Sollten Sie bis zur Vollendung des 65. Lebensjahres jährlich 1,8049 Entgeltpunkte (wie im Durchschnitt der letzten fünf Kalenderjahre erwerben, bekämen Sie ohne Berücksichtigung von Rentenanpassungen eine monatliche Altersrente von: **1.863,71 EUR**

Ihre Rente wird aber aufgrund künftiger Rentenanpassungen tatsächlich höher ausfallen. Leider können auch wir die Entwicklung nicht vorhersehen. Wir haben zwei Varianten für Sie gerechnet: Beträgt der jährliche Anpassungssatz 1,5 Prozent, so ergäbe sich zum 65. Lebensjahr eine Rente von monatlich 2.585,12 EUR, bei 3,5 Prozent eine solche von 3.973,90 EUR. Diese Beträge sind - insbesondere wegen eines Anstiegs der Lebenshaltungskosten - in ihrer Kaufkraft nicht mit heutigen Einkommen vergleichbar.

4. Versicherungszeiten

In Ihrem Rentenkonto (Stand 29.01.2003 sind Zeiten für Sie vom 01.08.1976 bis einschließlich 31.12.2002 gespeichert.

5. Rentenbeiträge

Bisher haben wir für Ihr Rentenkonto folgende Beiträge erhalten:

Von Ihnen	**67.725,14 EUR**
Von Ihrem/n Arbeitgeber/n	**67.725,14 EUR**
Von öffentlichen Kassen (z.B. Krankenkassen, Arbeitsamt	**3.548,89 EUR**

Bitte nehmen Sie diesen Beleg zu Ihren Rentenunterlagen.

Sicherheit für Generationen
DIE GESETZLICHE Rente

Erläuterungen zur Renteninformation:

❑ Zu Punkt 1

Als Erstes werden auf der Renteninformation die bislang erzielten Entgeltpunkte angezeigt. Die Rentenberechnung ergibt sich aus den bisher gezahlten Beiträgen, die in Entgeltpunkte umgerechnet werden. Die Höhe der Rente richtet sich nach der Höhe der während des Arbeitslebens von Arbeitgebern und dem Arbeitnehmer gezahlten Beiträge. Seit 1992 wird dieses Einkommen in so genannte Entgeltpunkte umgerechnet, indem das eigene Einkommen durch das Durchschnittsentgelt im jeweiligen Kalenderjahr geteilt wird. Wer also in einem Jahr genauso viel rentenversicherungspflichtiges Entgelt erzielt hat wie der Durchschnitt der Einzahler, erhält dafür einen Entgeltpunkt. Je höher die Summe der persönlichen Entgeltpunkte, desto höher die individuelle Rente (weitere Erläuterungen siehe in Kapitel 3 Abschnitt Familie fürs private Glück – Abstriche bei der Rente).

❑ Zu Punkt 2
Das ist Ihr aktueller Rentenanspruch bei voller Erwerbsminderung. So viel Rente würden Sie also im Fall einer vollen Erwerbsminderung heute monatlich bekommen. Etwa 200.000 Menschen jährlich können wegen eines Unfalls oder einer Krankheit nicht mehr arbeiten. Sie erhalten – je nach Schwere der gesundheitlichen Beeinträchtigung – eine Rente wegen teilweiser oder voller Erwerbsminderung. In die Berechnung der Rente fließt neben den bereits erworbenen Rentenansprüchen auch die so genannte Zurechnungszeit ein. Diese gehört als beitragsfreie Zeit zu den rentenrechtlichen Zeiten. Sie wird als soziale Komponente bei einer Rente wegen Erwerbsminderung oder bei Hinterbliebenenrente zu den übrigen vom Versicherten tatsächlich zurückgelegten Zeiten hinzugerechnet. Sie gewährleistet dadurch eine ausreichende finanzielle Absicherung auch in den Fällen, in denen ein Versicherter bereits in jungen Jahren nicht mehr erwerbsfähig ist. Der Versicherte wird so gestellt, als hätte er während der Zurechnungszeit entsprechend der bisherigen durchschnittlichen Beitragsleistung Beiträge zur Rentenversicherung gezahlt. Bei der Berechnung der Erwerbsminderungsrente ist die Zeit bis zum vollendeten 60. Lebensjahr als rentenrechtliche Zeit berücksichtigt, unabhängig davon, wann die volle Erwerbsminderung tatsächlich eintritt.

❑ Zu Punkt 3
Das ist die Hochrechnung der gesetzlichen Rentenversicherung Ihrer Rente. Dies ist die Prognose nach heutigem Stand. Sie beruht auf den Beiträgen während der letzten fünf Kalender-

jahre (ohne Berufsausbildung). Eine Zahl, die naturgemäß bei jungen Versicherten wenig aussagekräftig sein kann. Deshalb wird hochgerechnet, wie sich die Rente weiterentwickelt, wenn bis 65 weiter gearbeitet und -verdient wird. Diese Angabe ist der wichtigste Wert der Renteninformation, da sich hiermit jeder selbst ausrechnen kann, ob er eventuell eine zusätzliche Altersvorsorge braucht.

Die beiden nächsten Zahlen liefern Anhaltspunkte dafür, wie hoch Ihre monatliche Altersrente nach heutigem Stand bei einer angenommenen jährlichen Anpassung von 1,5 oder 3,5 Prozent – aktuell 1 beziehungsweise 2 Prozent – sein würde. Das sind nur rechnerische Spielchen, denn sie vermitteln keine realistische Größenordnung einer zukünftigen Rente.

❑ Zu Punkt 4

Auf einem gesonderten Blatt der Renteninformation ist der Versicherungsverlauf aufgelistet. Darin werden alle gespeicherten rentenrechtlichen Zeiten in zeitlicher Reihenfolge dargestellt und erläutert. So können Sie auch erkennen, für welche Zeiten noch Versicherungsnachweise fehlen. Solche Nachweislücken sollten Sie unbedingt schließen.

Grundsätzlich kann eine Altersrente nur beantragen, wer zuvor eine bestimmte Zeit der Rentenversicherung angehört hat. In der Versicherungssprache heißt diese Zeit auch Wartezeit. Für langjährige Versicherte gilt eine Wartezeit von 35 Jahren. Für diesen sehr großen Zeitraum werden alle rentenrechtlichen Zeiten berücksichtigt. Dazu zählen natürlich die Beitragszeiten, aber auch beitragsfreie Zeiten und so genannte Berücksichtigungszeiten:

Beitragszeiten sind die Monate, für die Pflichtbeiträge oder freiwillige Beiträge zur Rentenversicherung gezahlt worden sind. Dazu rechnen zum Beispiel auch Kindererziehungszeiten.

Beitragsfreie Zeiten: Dazu zählen hauptsächlich Ersatzzeiten, Anrechnungszeiten und die Zurechnungszeit.

Ersatzzeiten sind Zeiten ohne Beitragsleistung, weil der Versicherte an der Zahlung von Beiträgen gehindert war, zum Beispiel

durch Kriegsgefangenschaft, NS-Verfolgung, Flucht oder politische Haft in der DDR.
Anrechnungszeiten sind zum Beispiel Zeiten, in denen der Versicherte wegen Krankheit arbeitsunfähig, wegen Schwangerschaft, Mutterschaft oder Arbeitslosigkeit nicht versichert war oder nach dem 17. Lebensjahr eine Schule sowie eine Fach- oder Hochschule besucht hat.
Zurechnungszeit: Um Versicherten, die in jungen Jahren vermindert erwerbsfähig werden, eine ausreichende Rente zu sichern, werden ihnen Zurechnungszeiten angerechnet. Zurechnungszeit ist die Zeit vom Eintritt der Erwerbsminderung bis zur Vollendung des 60. Lebensjahres.
Berücksichtigungszeit ist die Phase der Erziehung eines Kindes bis zu dessen vollendetem 10. Lebensjahr.

Kontenklärung oder Kontenergänzung

Wenn Sie feststellen, dass in Ihrer Renteninformation Daten nicht stimmen oder unvollständig sind, sollten Sie bei Ihrem Rentenversicherungsträger umgehend einen formlosen Antrag auf Kontenklärung oder Kontenergänzung stellen. Sie sollten sich um eine komplette Dokumentation Ihres Arbeitslebens bemühen, denn Sie verzichten sonst auf bares Geld. Nachweislücken sind nicht nur Zeiten, in denen nicht für die Rente einbezahlt wurde, sondern sie mindern, weil sie auf die Gesamtzeit angerechnet werden, die zukünftige Rente überproportional. Im Versicherungskonto können Zeiten fehlen, in denen zwar keine Beiträge gezahlt wurden, die aber bei der Rentenberechnung zu berücksichtigen sind – beispielsweise Ausbildung, Arbeitslosigkeit oder Kindererziehung. Dabei sind die Korrekturen des Rentenverlaufs nicht an eine Frist gebunden. Man verliert also keine Rentenansprüche. Aber im Laufe der Jahre wird es immer schwieriger, die erforderlichen Unterlagen zusammenzubringen, daher sollte man die Angelegenheit möglichst schnell angehen. Nur wenn alle Versicherungszeiten auf Ihrem Versicherungskonto vollständig erfasst sind, können Sie Ihren Rentenanspruch auch voll ausschöpfen. Überprüfen Sie Ihren Versicherungsverlauf, den Sie jährlich von Ihrem Versicherer zugeschickt bekommen. Wenn er Lücken hat, können Sie diese mit einer Kontenklärung schließen. Jede Versicherte sollte im eigenen Interesse dafür sorgen, dass solche Lücken geschlossen werden.

Hotline zur Rente

Für alle Fragen in Bezug auf Rentenreform, gesetzliche Rentenversicherung und Beratungsstellen hat das Bundessozialministerium ein kostenloses Bürgertelefon eingerichtet. Zu erreichen: montags bis donnerstags zwischen 8 und 20 Uhr unter der Telefonnummer 0800/1515150.

Einen Antrag auf Kontenklärung können Sie unter der Telefonnummer 0800/10004800 anfordern.

Auskünfte ebenfalls unter:
0800/0200502
0800/3331919
0800/4636582
0800/582225
0800/582347358
Oder im Internet: www.deutsche-rentenversicherung.de

In der Deutschen Rentenversicherung sind die Träger der gesetzlichen Rentenversicherung zusammengefasst. Auf Aufklärung, Beratung und Auskunft hat jede Versicherte einen Anspruch. So steht es im Sozialgesetzbuch. Die Auskunfts- und Beratungsstellen der Rentenversicherer müssen zu allen Fragen der gesetzlichen Rentenversicherung Auskünfte geben und individuell beraten, damit jeder seine Rentenansprüche voll ausschöpfen kann. 944 Auskunfts- und Beratungsstellen der gesetzlichen Rentenversicherer gibt es. 200 davon sind an jedem Arbeitstag geöffnet. Die anderen, meist in Gemeindeverwaltungen, Landkreisämtern oder in den Geschäftsstellen der gesetzlichen Krankenkassen untergebracht, sind nur an bestimmten Tagen besetzt.

Persönliches Erscheinen bei Ihrem Rentenversicherer ist sinnvoll, denn dann können Fragen – die sicher auftauchen werden – sofort geklärt werden und Sie können sich Tipps geben lassen. Für den Termin bei Ihrem Rentenversicherungsträger benötigen Sie die nötigen Nachweisdokumente wie Zeugnisse, Personalausweis und Ihre Versicherungsnummer.

Wenn Sie aufgrund des Beratungsgesprächs Entscheidungen treffen wollen, die Ihre Rentenhöhe beeinflussen oder einen Rentenanspruch begründen, machen Sie sich während des Gesprächs Notizen und lassen Sie dieses Gesprächsprotokoll vom Berater unterschreiben. Sie können aber auch Ihren Rentenversicherer anschreiben und sich die Informationen aus der Beratung schriftlich bestätigen lassen. Kommt es nach einer Beratung zum Streit über den Inhalt des Beratungsgesprächs, sind Sie vor Gericht beweispflichtig.

Wenn sich Probleme mit dem Rentenversicherer ergeben, können Sie gegen Honorar Rat und Hilfe bei einem unabhängigen, gerichtlich zugelassenen Rentenberater finden. Eine Erstberatung dort kostet allerdings zwischen 120 und 170 Euro. Hat der Widerspruch gegen einen Rentenbescheid Erfolg, muss der Rentenversicherer zumindest einen Teil des Honorars erstatten. Die Adresse eines Rentenberaters in Ihrer Nähe finden Sie unter www.rentenberater.de oder per Telefon unter 0221/2406642.

Kontenklärung bis Ende 2006 empfohlen

Wer in der Deutschen Demokratischen Republik beschäftigt war, sollte prüfen, ob die eigenen Rentenunterlagen vollständig sind, und das Konto gegebenenfalls klären lassen. Der Grund: Unterlagen über Arbeitszeiten in der Deutschen Demokrati-

schen Republik müssen von den DDR-Betrieben, Unternehmen oder Nachfolgeunternehmen nur noch bis Ende 2006 aufbewahrt werden. Danach können sie vernichtet werden. Ostdeutsche der Jahrgänge 1943 bis 1972 sollten deshalb ihr Rentenkonto vervollständigen, um sicherzustellen, dass ihre Rente richtig berechnet wird und eine Klärung von Lücken im Versicherungsverlauf unter Umständen nicht erheblich erschwert wird, denn nicht alle Zeiten sind automatisch beim Rentenversicherungsträger gespeichert.
Deshalb der Tipp: Überprüfen Sie Ihre bisher gespeicherten Daten. Lassen Sie eine Kontenklärung durchführen, wenn Lücken im Versicherungsverlauf vorhanden sind. Nur aus einem vollständig und richtig geklärten Konto können zutreffende Auskünfte und Renteninformationen erstellt werden. Auch die spätere Rente wird anhand der gespeicherten Zeiten berechnet.

So könnte es sein, wenn ich 67 bin

Nach den Jahren der Berufstätigkeit ist man es gewohnt, mit einer bestimmten Summe, dem Nettogehalt, zu hantieren. Früher ging man dabei von einem niedrigeren Finanzbedarf nach der Erwerbstätigkeit von bis zu 30 Prozent aus. Einige Ausgaben reduzieren sich tatsächlich: Die Kinder verdienen schon selbst, das Haus ist abgezahlt. Wer nicht mehr jeden Tag ins Büro muss, spart auch an der Kleidung. Vielleicht genügt nun auch ein kleineres Auto. Trotzdem scheint diese Faustregel nicht mehr angemessen. Das weiter absinkende Rentenniveau und auch die steigende Lebenserwartung der Bevölkerung sowie ein verändertes Freizeit- und Konsumverhalten lassen den Geldbedarf der zukünftigen Seniorenhaushalte deutlich steigen. Das fand das Deutsche Institut für Altersvorsorge (DIA) heraus. 1998 – so der empirische Befund – benötigte der durchschnittliche Rentnerhaushalt knapp 58 Prozent des verfügbaren Einkommens von 55- bis 65-jährigen Arbeiter- und Angestelltenhaushalten, um ähnlich wie diese leben zu können. Künftig werden sie einen höheren Prozentsatz benötigen. Insbesondere aufgrund zunehmender Mobilität in der frühen und wegen des steil steigenden Gesundheits- und Pflegebedarfs in der späteren Altersphase soll der Bedarf bis 2010 auf annähernd 63 und bis 2020 auf knapp 75 Prozent wachsen.

Gehen Sie also bei der Berechnung des zukünftigen Bedarfs von 100 bis 75 Prozent Ihres heutigen Einkommens aus.

Es stimmt. Auf 30 Jahre im Voraus kann niemand ausrechnen, wie viel Einkommen Sie mit 67 Jahren benötigen werden. Auch wenn es auf diese lange Distanz keine hundertprozentige Kalkulationssicherheit gibt, ist diese Wahrscheinlichkeitsrechung doch nötig, damit es später für Sie kein böses Erwachen gibt. Dazu stellen Sie den finanziellen Bedarf im Alter den Versorgungsansprüchen gegenüber, die Ihnen vermutlich aus heutiger Sicht zustehen werden. Die Differenz zwischen beiden Positionen gibt Auskunft über die wahrscheinliche Versorgungslücke, die Sie durch weitere Vorsorgemaßnahmen schließen müssen.

Finanzieller Bedarf im Alter

Viele Fragen lassen sich nur individuell beantworten: Brauche ich überhaupt noch ein Auto? Und wenn ja, vielleicht ein kleineres? Ist das Haus oder die Eigentumswohnung abbezahlt?
Verschiedene Posten sollten Sie zudem bei Ihrer Finanzplanung fürs Alter berücksichtigen:

- ❏ Miete oder Wohnnebenkosten sowie Rücklagen für Instandhaltung
- ❏ Haushaltsgeld
- ❏ Versicherungen

- ❑ Kleidung
- ❑ Auto
- ❑ eventuelle Kreditraten
- ❑ Rücklagen für größere Anschaffungen

Berücksichtigen Sie nun in der folgenden Tabelle die verschiedenen Renten, die Sie bekommen werden.

Die zukünftigen Einkünfte

Aktuelles Erwerbseinkommen:

Zukünftige Einkommen

1. Gesetzliche Rentenversicherung
   Hier genügt ein Blick in die Renteninformation – zukünftige Altersrente:
   Kalkulieren sollten Sie höchstens mit der Steigerungsrate von 1,5 Prozent, besser aber ohne.
2. Rentenzahlungen aus der Riester-Rente
   Rente aus der betrieblichen Altersvorsorge – auch hier wird der Versicherten in der Regel jährlich mitgeteilt, welche Versorgungsansprüche sie bislang erworben hat. Im Zweifelsfalle hilft ein Anruf beim Versicherungsträger weiter.
3. Weitere monatliche Einnahmen, beispielsweise aus Versorgungskasse o. Ä.
4. Private Vermögensanlagen wie Auszahlungen aus Investmentfondsfonds, Mieten,
   Ausschüttungen aus festverzinslichen Wertpapieren (heutiger Stand)

Die Summe der aufgeführten Rentenarten gibt Ihnen einen ungefähren Überblick, wo Sie heute bezüglich Ihrer Altersvorsorge stehen. Ebenfalls auf die Habenseite gehören bei Ehefrauen die über den Ehemann erworbenen Rentenansprüche. Denn die Überlegung, wie die Altersvorsorge aussieht, wenn die Ehe scheitert oder der Ehemann stirbt, gehört wie dargestellt zur weiblichen Vorsorgestrategie.

Ihre Vorsorge:

75 bis 100 Prozent des heutigen Einkommens:

vermutliche Einkommen im Ruhestand:

Differenz: Ihre Versorgungslücke

Stellt sich nun heraus, dass zwischen Ihren finanziellen Mitteln im Alter und Ihrem hochgerechneten Bedarfs eine Lücke klafft, müssen Sie (weitere) Rücklagen fürs Alter bilden.

Wie Sie zu ausreichend Geld für das Alter kommen

Chinesen gelten als ein altes, fleißiges und weises Volk. Viele Sprichwörter zeugen von Klugheit und Langmut. Eines davon lautet:

Geld im Alter ist wie Schnee im Juni

Diesem Ausspruch wollen wir – auch wenn wir ansonsten die Weisheit der Chinesen sehr schätzen – etwas dagegenhalten: unsere Aktivität in Sachen Altersvorsorge und Existenzsicherung.
Damit dies auch tatsächlich gelingt, dass Sie Ihre finanziellen Ziele durchsetzen und eventuelle Rentenlücken auffüllen, sollten Sie möglichst jung starten. Denn: Je jünger, desto besser. Empfinden Sie sich nicht mehr als wirklich jung, dann starten Sie jetzt mit Ihrer Altersvorsorge. Ein vermeintlich zu geringes Einkommen, große Konsumwünsche oder sonstige Ansprüche sollten dabei kein Hinderungsgrund sein.
Dabei ist es wirklich nicht leicht. Da flattern ständig Rechnungen ins Haus, man hat Wünsche und ein neues Auto wäre auch mal wieder fällig. Dabei noch an die ferne Zukunft und die eigene Altersvorsorge zu denken fällt in Zeiten steigender Kosten und hoher Arbeitslosigkeit wirklich nicht leicht. Geld heute beiseite zu legen und nicht zu konsumieren fällt fast jedem schwerer als die Vorstellung, es in der Zukunft nicht ausgeben zu können. Umgekehrt ist das Vergnügen, heute Geld auszugeben, grundsätzlich stärker als die Vorfreude darauf, es in vielleicht 20 Jahren aus-

geben zu können. Dennoch ist vielen die Notwendigkeit des zusätzlichen Sparens für die private Altersvorsorge bewusst. Aber: Auch auf der Basis von regelmäßig angelegten kleinen Beträgen können Sie sich in einigen Jahrzehnten ein ansehnliches Rentenpolster zulegen. Die private Altersvorsorge sollte als ein sich stetig weiterentwickelndes Vermögen verstanden werden. Denn in modernen Biografien muss das Vermögen, um den verschiedensten Anforderungen zu entsprechen, häufiger umgeschichtet und neu ausgerichtet werden, als dies in der Vergangenheit der Fall war. Dementsprechend sind die klassischen Altersvorsorgeprodukte wie Kapitallebens- und Rentenversicherung nicht mehr per se die optimale Strategie. Das bedeutet: Ziehen Sie keine scharfe Grenze zwischen den Aufgaben Vermögensaufbau und Altersvorsorge. Wichtig ist allein, dass das Vermögen sich insgesamt weiter entwickelt.
Schließlich sorgen Zins und Zinseszins für eine stete Steigerung des bereits angesparten Vermögens. Und sie helfen, die häufig unterschätze Gefahr durch die Inflation zu lindern. Beispiel: Wer heute eine Privatrente von 1.000 Euro vereinbart, muss sich im Jahr 2035 wegen der Inflation auf eine Rente von knapp der Hälfte einstellen. Zu bedenken ist auch die nachgelagerte Besteuerung. Die höheren Steuern in der Rentenphase, nachdem die Gelder in der Ansparphase nicht vorgelagert besteuert wurden, betrifft nun die gesetzliche Rentenversicherung, die Basis-Rente und einige betriebliche Altersvorsorgeformen.
Zudem sollte das Sparen für das Alter auch während der Familienpause weitergeführt werden. Dabei ist zu beachten, dass das Geld wirklich für die letzte Lebensphase angespart und nicht bei Konsumwünschen angetastet wird, denn es ist sinnvoll, so viel wie möglich selbst für das Alter vorzusorgen. Was das genau heißt, kann nur individuell entschieden werden. Als Faustformel können „10 Prozent" des Nettoeinkommens oder 250 bis 300 Euro gelten. Gerne mehr.

Ziele der Altersvorsorge: Lebensstandard halten und reisen

45,5 Prozent aller Berufstätigen in Deutschland möchten im Ruhestand Geld aus einer privaten Altersvorsorge für Reisen verwenden. Dies hat eine repräsentative Umfrage des Instituts für Demoskopie Allensbach ergeben. Damit ist dies das zweithäufigste Ziel, für das sowohl berufstätige Männer (42,7 Prozent) als auch Frauen (49 Prozent) für das Alter privat sparen. An erster Stelle will man mit dem Geld aus der privaten Altersvorsorge den Lebensstandard halten. Auch hier sind sich Männer und Frauen mit 88,4 Prozent beziehungsweise 88,7 Prozent einig.

Überdurchschnittlich häufig plant vor allem die Berufsgruppe der Beamten mit 68,7 Prozent, Einkünfte aus einer privaten Altersvorsorge in Reisen zu investieren. So geben Arbeiter dies nur zu 38 Prozent an, Selbstständige zu 40,8 Prozent und Angestellte zu 48,3 Prozent.

Auch zwischen den Generationen zeigen sich deutliche Unterschiede: Während die Berufstätigen unter 30 Jahren nur zu knapp 38 Prozent ihr Geld aus einer privaten Altersvorsorge im Ruhestand für Reisen verwenden wollen, ist dies bei den heute über 30-Jährigen bereits zu mehr als 47 Prozent der Fall.

Ein lebenslanges Thema: Steuern

Steuern spielen häufig eine Rolle bei finanziellen Entscheidungen – allerdings ist die Suche nach der steuerlichen Optimierung nur für die wenigsten wirklich sinnvoll. So genannte Abschreibungsmodelle sind nur für diejenigen mit höheren Steuersätzen rentabel, zudem funktionieren sie nicht immer und sind im schlechtesten Fall ein Zuschussgeschäft. Deswegen sollten Steuern nicht der zentrale Ausgangspunkt der Vermögensanlage sein.

Nun überall gängig: das Halbeinkünfteverfahren

Prinzipiell gilt seit Anfang 2005 das Halbeinkünfteverfahren. Das bedeutet, dass Dividenden, Zinsen und andere steuerpflichtige Erträge von Kapitalanlagen zur Hälfte steuerpflichtig sind. Das betrifft nun auch Kapitallebensversicherungen bei Auszahlung frühestens mit 60 Jahren. Zinsen werden mit dem persönlichen Steuersatz auf die volle Summe berechnet, abzüglich Sparerfreibetrag und Werbungskosten. Die Werbungskostenpauschale beträgt weiterhin 51 Euro pro Person. Dass heißt, dass in 2006 Zinsen bis zu der addierten Bemessungsgrenze von 1.421 Euro steuerfrei bleiben. Dieser Sparerfreibetrag wird aber nur wirksam, wenn man so genannte Freistellungsaufträge für Kapitalerträge, wie für Sparbücher, Depots oder diverse Konten bei Kreditinstituten veranlasst hat. Diese Steuerregelung betrifft alle Anleihen wie Bundeswertpapiere oder auch Pfandbriefe und die üblichen Bankprodukte sowie Rentenfonds.
Der Sparerfreibetrag ist auch bei der Zahlung von Dividenden, die von Aktiengesellschaften ausgeschüttet werden, wichtig. Dividenden sind mit dem persönlichen Steuersatz nach dem Halbeinkünfteverfahren zu besteuern. Abgezogen wird dabei der Sparerfreibetrag.

Aktien: Spekulationsfrist beachten

Die Spekulationsfrist bei Aktien beträgt ein Jahr. Alle Kursgewinne, die erst nach einem Jahr durch Verkauf der Aktien realisiert werden, bleiben steuerfrei. Der Spekulationsgewinn bei Wertpapieren ergibt sich aus der Differenz von Verkaufs- und Kaufpreis, jeweils unter Berücksichtigung der Nebenkosten wie Kauf- und Verkaufsspesen. Steuerpflichtig wird ein Spekulationsgewinn auch erst ab einem Betrag von 512 Euro oder 1.024 Euro bei Verheirateten, die gemeinsam Depotinhaber sind. Ist der Gewinn aus Aktienanlagen entstanden, ist der entsprechende Sal-

do – durch das Halbeinkünfteverfahren – nur zur Hälfte steuerpflichtig. Analog kann auch ein realisierter Verlust nur zur Hälfte abgezogen werden. Angefallene Spekulationsgewinne dürfen mit -verlusten verrechnet werden, unabhängig davon, um welche Art von Geschäft es sich handelt. Übersteigt am Ende eines Jahres die Summe der Spekulationsverluste die der -gewinne, verbleibt ein negativer Saldo. Es besteht dann die Möglichkeit, den Verlust ein Jahr zurück- und/oder unbeschränkt vorzutragen und mit in den betreffenden Perioden entstandenen Spekulationsgewinnen zu verrechnen. Voraussetzung dafür ist, dass die Verluste im Entstehungsjahr in der Steuererklärung angegeben werden.
Diese steuerlichen Regelungen gelten für Aktien, Aktienfonds, aber auch für Produkte wie indexnahe Fonds oder Indexzertifikate.

Lebensversicherungen – weniger interessant

Seit 2005 gibt es die Versteuerung der Erträge aus Kapitallebensversicherungen und ähnlichen Finanzprodukten wie fondsgebundenen Lebensversicherungen. Nur bis Ende 2004 bestand das Steuerprivileg. Die Kapitalerträge waren nach 12 Jahren steuerfrei. Für Neuabschlüsse gilt nun, dass die Hälfte der Erträge steuerpflichtig ist. Erträge, die vor dem 60. Geburtstag ausgeschüttet werden, sind vollständig zu versteuern. Die Erträge ermittelt man, indem man die Einzahlungen von der Auszahlung abzieht.
Auch bei privaten Rentenversicherungen gibt es Neuerungen ab 2005: Bei Auszahlung in Form einer Rente gab es vor 2005 den steuerpflichtigen Ertragsanteil, der beispielsweise mit 65 Jahren bei 27 Prozent lag. Nun sinkt dieser bei Bezug mit 65 Jahren auf 18 Prozent. Das gilt für neue und auch für bereits laufende Privatrentenverträge. Seit 2005 wird der Ertragsanteil nur noch auf private Renten angewendet.

Alter bei Rentenbeginn in Jahren	**Ertragsanteil in Prozent bis 2004**	**Ertragsanteil in Prozent ab 2005**
54	39	27
55	38	26
56	37	26
57	36	25
58	35	24
59	34	23
60	32	22
61	31	22
62	30	21
63	29	20
64	28	19
65	27	18
66	26	17
67	25	16
68	23	15
69	22	14
70	21	13
71	20	12
72	19	11
73	18	10
74	17	9
75	16	8

Steuerliche Behandlung der Erträge aus Geldanlagen

Finanzprodukt	Steueraspekt
Tagesgeld	auf Freibetrag achten
Banksparpläne	auf Freibetrag achten
Anleihen/festverzinsliche Wertpapiere	auf Freibetrag achten
Bundespapiere	auf Freibetrag achten
Bundesschatzbriefe	auf Freibetrag achten
Pfandbriefe	auf Freibetrag achten
Aktien	Spekulationsfrist!
Aktienfonds	Spekulationsfrist!
Offene Immobilienfonds	steuerlich bevorzugt
Indexnahe Fonds	Spekulationsfrist!
Rentenfonds	auf Freibetrag achten
Index-Zertifikate	Spekulationsfrist!
Kapitallebensversicherung	neu seit 2005
Fondsgebundene Lebensversicherung	neu seit 2005
Rentenversicherung	neu seit 2005
Unternehmensanleihen	auf Freibetrag achten

Sparerfreibetrag wird fast halbiert

Und natürlich hat auch die große Koalition einen Sparermalus vorbereitet. Das Steueränderungsgesetz 2006 reduziert den Sparerfreibetrag für Ledige auf 750 Euro und für Eheleute auf 1.500 Euro. Kapitalerträge, die über diesen Beträgen liegen, erhöhen das zu versteuernde Einkommen. Der Bund der Steuerzahler kritisiert zu Recht, dass mit der neuen Regelung gerade diejenigen Steuerzahler belastet werden, die Sparvermögen aus bereits versteuertem Einkommen gebildet haben und die diese Rücklagen dringend für ihre Altersversorgung benötigen. Betroffen seien viele Kleinanleger, die ihr Geld in klassische Produkte wie Sparbücher, Sparpläne, Tagesgeld oder Bundesschatzbriefe investieren. Dem kann man nur zustimmen.

Bei der geplanten Kürzung des Sparerfreibetrages kann der Sparer künftig nur noch 750 Euro Zinsen jährlich als steuerfrei verbuchen. Derzeit beträgt der Sparerfreibetrag 1.370 Euro pro Person. Hinzu kommt ein Werbungskosten-Pauschbetrag von 51 Euro.
Wie viel bei dem gekürzten Sparerfreibetrag von 750 Euro angelegt werden kann, ohne dass Einkommensteuer gezahlt werden muss, hat der Bundesverband deutscher Banken errechnet. So ist bei 2 Prozent Zinsen der Anlagebetrag für Ledige bis zu 37.500 Euro und für Verheiratete bis zu 75.000 Euro steuerfrei.
Beträgt der Zinssatz 3 Prozent, bleibt demnach ein Anlagebetrag bis zu 25.000 Euro für Ledige und bis zu 50.000 Euro für Eheleute steuerfrei. Bei einer Verzinsung von 4 Prozent reduziert sich die steuerfreie Geldanlage auf 18.700 Euro für Ledige und 37.500 Euro für Verheiratete. Um in den Genuss der sofortigen steuerfreien Zinsgutschrift zu gelangen, ist bei den Banken und Fondsgesellschaften rechtzeitig ein Freistellungsauftrag einzureichen.

Empfehlungen nach Lebensphasen

Je nach aktueller Lebensphase sind verschiedene Anlageschwerpunkte sinnvoll. Immer kann die folgende Phase andere Anforderungen an Sie und Ihr Vermögen stellen. Deswegen der Tipp: Überprüfen Sie Ihre Geldanlagen beim Eintritt in eine neue Lebensphase – etwa bei Heirat, Geburt eines Kindes, beruflicher Umorientierung, Scheidung oder bei Eintritt in den Ruhestand. Grundlage all Ihrer Entscheidungen sollte dabei das Terrassenmodell sein.
In Stichworten ist hier gelistet, was man in welcher Lebensphase zur Existenzabsicherung und zur Alterssicherung haben oder tun sollte:

Empfehlungen nach Lebensphasen

- ❏ Junge Singles:
  Für Liquidität sorgen: Notreserve von 2 bis 3 Monatsnettogehältern
  Aufbau von Eigenkapital durch Sparen
  Berufsunfähigkeitsversicherung
  Privathaftpflichtversicherung
- ❏ Ehe oder eheähnliche Gemeinschaften:
  Für Liquidität sorgen: Notreserve von 2 bis 3 Monatsnettogehältern
  Aufbau von Eigenkapital durch Sparen
  Berufsunfähigkeitsversicherung, evtl. für beide Partner
  Privathaftpflichtversicherung
  Unfallversicherung für Hausfrau/-mann
- ❏ Familie mit kleinen Kindern:
  Für Liquidität sorgen: Notreserve von 2 bis 3 Monatsnettogehältern
  Aufbau von Eigenkapital durch Sparen
  evtl. Erwerb einer eigengenutzten Immobilie
  Berufsunfähigkeitsversicherung des Hauptverdieners
  Privathaftpflichtversicherung
  Risikolebensversicherung des Hauptverdieners
  Kinderunfallversicherung
  Unfallversicherung für Hausfrau/-mann
- ❏ Alleinerziehende:
  Für Liquidität sorgen: Notreserve von 2 bis 3 Monatsnettogehältern
  Aufbau von Eigenkapital durch Sparen
  Berufsunfähigkeitsversicherung oder Unfallversicherung
  Privathaftpflichtversicherung
  Risikolebensversicherung
  Kinderunfallversicherung
- ❏ Familie mit großen Kindern:
  Für Liquidität sorgen: Notreserve von 2 bis 3 Monatsnettogehältern

Sparen auf Sondertilgungstermine der eigengenutzten Immobilie
Berufsunfähigkeitsversicherung
Privathaftpflichtversicherung
Risikolebensversicherung
Kinderunfallversicherung
Unfallversicherung für Hausfrau/-mann

- ❑ Kinder aus dem Haus:
  Für Liquidität sorgen: Notreserve von 2 bis 3 Monatsnettogehältern
  Sparen auf Sondertilgungstermine der eigengenutzten Immobilie
  Evtl. Turbo für eine ausreichende Altersvorsorge
  Etwa ab zehn Jahre vor Renteneintritt jährlich Risikogelder in sichere Geldanlagen umschichten
  Privathaftpflichtversicherung
- ❑ Alter:
  Für Liquidität sorgen: Notreserve von 2 bis 3 Monatsnettogehältern
  Auszahlungsphase – Auszahlungen organisieren und überprüfen:
  gesetzliche und berufliche Rente
  Riester-Rente, Rürup-Rente
  Privatrente, Rente aus Fondsanlagen
  Rente aus Bundesschatzbriefen, Mieteingängen, andere Eingänge
  Privathaftpflichtversicherung

Tipps für Ihre sichere Geldanlage und Altersvorsorge

- ❑ Setzen Sie nicht alles auf eine Anlage. Breit streuen ist besser. Diversifikation heißt das im Expertenjargon. Denn je differenzierter Ihr Vermögen ist, desto stabiler ist Ihre private Altersvorsorge gegen schwache Immobilienmärkte, Börsenkurseinbrüche oder eine hohe Inflationsrate.
- ❑ Es ist allzu menschlich: Langfristige Ziele wie die Altersvorsorge bleiben bei kurz- und mittelfristigen Konsumwünschen, wie einem neuen Auto oder einer Wohnungseinrichtung, auf der Strecke. Selbstdisziplin ist bei einer eigenverantwortlichen Altersvorsorge vonnöten, um Monat für Monat, Jahr für Jahr Geld zurückzulegen. Dazu der Tipp: Mit Sparplänen sich selbst überlisten und Stück für Stück etwas aufbauen!
- ❑ Nutzen Sie den Zinseszins-Effekt. Je früher Sie anfangen, desto schneller vermehrt sich Ihr Geld.
- ❑ Eine solide Altersvorsorge will in der nächsten Lebensphase überprüft sein. Gründen Sie eine Familie oder gehen die Kinder aus dem Haus? Dann ist es Zeit, Ihre Strategie zu überdenken. Bleiben Sie flexibel – auch bei Ihren Geldanlagen. Denn verschiedene Lebensphasen fordern unterschiedliche Strategien. So haben Sie die Chance zu reagieren.
- ❑ Seien Sie konservativ! Für Ihre Anlagestrategie sollten Sie nur garantiert sichere Finanzprodukte wählen. Und: Je weniger Geld Sie für Ihre persönliche Altersvorsorge zur Verfügung haben, desto sicherer muss die Anlage sein. Rendite ist nicht alles, setzen Sie bei Ihrer Altersvorsorge besser auf ein geringes Risiko. Optionen, Futures oder andere hoch riskante Finanzprodukte sind etwas für Spielernaturen oder Menschen mit mehr Spielgeld.
- ❑ Altersvorsorge ist ein Wachstumsmarkt. Entsprechend werben die Anbieter mit diesem Etikett. Gerade bei der „Vorsorge aus

vier Wänden", einer „zweiten Rente", der „zweiten Alterssicherung" oder dem „idealen Polster für den Lebensabend" muss genau hingeschaut werden. Der Begriff Altersvorsorge ist nicht geschützt und darf frei verwendet werden. Es gibt keine Mindeststandards für Altersvorsorgeprodukte, geschweige denn ein Zulassungssystem.

❑ Vergleichen Sie Angebote mehrerer Anbieter. Dabei sollten Sie sich nicht von bunten Computerbildern beeindrucken lassen. Wird Ihnen etwas versprochen, lassen Sie sich dies schriftlich geben. Heben Sie alle Unterlagen auf. Sollte sich eine Kapitalanlage anders entwickeln als in Prospekten beschrieben, kommt Ihnen eventuell die Prospekthaftung zu Hilfe. Der Anbieter muss dann für den entstandenen Schaden aufkommen.

❑ Überprüfen Sie ehrlich Ihre Beziehung zu Geld und Finanzen. Bauen Sie eine Beziehung zu Geld auf – auch wenn es Ihnen zu abstrakt erscheint. Schaffen Sie sich einen Bezug zu Einnahmen und zum Sinn des Geldes. Beschäftigen sie sich mit Ihren Finanzen – Sie werden sehen: Geld vermehren macht Spaß!

❑ Seien Sie aktiv und beschäftigen Sie sich mit Ihren Finanzen, machen Sie dies zu Ihrem Hobby, eventuell zusammen mit gleichgesinnten Frauen, dann empfinden Sie das Thema nicht mehr als Belastung, sondern als Chance.

❑ Es hilft nichts – außer Selbsthilfe. Sie müssen sich mit den Themen Geld und Finanzen wirklich befassen, nur so kann frau ihre individuelle Existenzsicherung aufbauen. Machen Sie sich schlau, holen Sie unabhängige Informationen ein. Sie sollten sich mit dem Thema Altersvorsorge auseinander setzen, sich eigene Gedanken machen, kritisch sein, lieber einmal mehr nachfragen – und sich Zeit lassen. Niemand kann Sie zur Unterschrift drängen. Bereiten Sie sich gut auf ein Gespräch mit Bankberatern oder Versicherungsvertretern vor, dann bekommen Sie auch das, was Sie wirklich brauchen. Denn nur Sie allein wissen, was Sie im Monat für die Geldanlage abzweigen können und was Sie im Leben planen.

- ❑ Bei der Altersvorsorge gibt es keine einfachen Patentrezepte oder simple Allheilmittel. Alle Produkte haben Vor- und Nachteile. Die gesetzliche Rentenversicherung sollte nur als Basisabsicherung verstanden werden.
- ❑ Verschaffen Sie sich Übersicht! Sie sollten wissen, wie viel Geld Sie in welchen Finanzprodukten besitzen, welche Versicherungspolicen Sie haben, wie hoch Ihre Schulden sind.
- ❑ Seien Sie ruhig auch mal skeptisch – statt blindem Vertrauen besser noch mal in Ruhe überdenken – zum Beispiel ob das Empfohlene auch tatsächlich zu Ihnen passt.

Finanzbedarf im Alter selbst bestimmen oder: das Märchen von der Versorgungslücke

Für viele Finanzdienstleister ist die Rechnung ganz einfach: Sie verdienen heute netto 3.500 Euro im Monat, bekommen 2.000 Euro Rente, also haben Sie eine Versorgungslücke von 1.500 Euro im Monat. Hintergrund ist, dass üblicherweise vom Nettogehalt ausgegangen wird, wenn man die finanziellen Ansprüche des nächsten Lebensalters beschreiben will. Diesen Betrag stellt man dann gegen die Höhe der gesetzlichen Rente. Die Differenz sei dann die Versorgungslücke, die es zu schließen gilt.
Doch da machen es sich viele zu leicht. Denn man kann Finanzdienstleistern vorwerfen, dass sie mit der drohenden Versorgungslücke ein gutes Geschäft machen wollen und deswegen ihre Kunden gern arm rechnen. Vielleicht legen Sie ja 2.000 Euro im Monat zurück oder Sie leben eigentlich von finanziellen Zuwendungen aus ganz anderen Quellen. Zudem ist mittlerweile den Versprechungen der gesetzlichen Rentenversicherung nicht mehr wirklich zu trauen. Deswegen: Wie viel Kapital man nach der Erwerbsphase tatsächlich braucht, kann jeder nur für sich selbst ermitteln. Denn um eine finanzielle Lücke aufzudecken, muss man zuerst einmal feststellen, welche Versorgungsansprüche man bisher hat.

Bei Ihren Entscheidungen können Sie sich also nicht blind an einer Versorgungslücke orientieren, die jemand für Sie errechnet. Bereiten Sie dagegen selbst Ihre Informationen und Kenntnisse auf. Nur dies liefert seriöse Ergebnisse, die als Entscheidungsgrundlage taugen.

Wo Sie „die etwas andere Beratung" bekommen

Erfahrungsberichte von Frauen und eine Untersuchung der Stiftung Warentest von 1992 belegen: Banken und Sparkassen beraten ihre Kundinnen schlechter als die männliche Klientel. Sie nahmen Frauen einfach nicht ernst und trauen ihnen wenig Kompetenz zu. Die Folge: Frauen fühlen sich von Vertretern der Banken, Versicherungen oder Bausparkassen übervorteilt.
Und tatsächlich – es scheint so, dass die Unkenntnis vieler Frauen auf diesem Gebiet häufig ausgenutzt wird, um sie zu überflüssigen oder für sie nicht vorteilhaften Abschlüssen zu überreden. Es wird das verkauft, was grade weg muss. Mit anderen Worten: Die Berater haben ihre Vorgaben und verkaufen in dieser Woche Bausparverträge, in der nächsten vermehrt bestimmte Fondsprodukte. Nachteile einer Geldanlage können da gar nicht deutlich vor Augen geführt, die Lebensumstände der Frauen und ihre individuellen Ziele kaum berücksichtigt werden. Und erst ganz allmählich entdeckt die Finanzbranche die Frauen als ernst zu nehmende und für den Umsatz interessante Zielgruppe.
Dabei ist es durchaus legitim, dass Banken und Sparkassen vor allem ihre eigenen Produkte verkaufen. Nur: Sie müssen das wissen. Aber auch die vielen freien Berater verkaufen am liebsten das, wofür ihre Provision am höchsten ist. Auch das ist verständlich und legal. Es zeigt aber auch, dass jeder Ratsuchende – Frau wie Mann – am besten bei unabhängigen Beratern aufgehoben ist.

Frauen holen sich gerne Rat

Männliche Berater haben – natürlicherweise – andere Biografien. Die Erfahrendsten beraten Frauen im besten Falle also neutral. Doch Frauen brauchen häufig mehr. Eine Beratung ohne reines Renditedenken. Die Erträge der Anlage spielen zwar auch eine Rolle, aber für viele Frauen eher eine untergeordnete. Anders als Männer sehen Frauen Geldgeschäfte aber nicht abstrakt, sondern wollen einen Bezug zu ihrer Situation oder dem Sinn der Geldanlage herstellen. Auch wenn Gefühle eine große Rolle spielen – am Ende geht es in einer Beratung ganz konkret um Zahlen und Facts.

Bei Geldanlagen ...

	Frauen	Männer
lasse ich mich immer von mehreren Geldinstituten/Anbietern beraten	41	44
wende ich mich immer zuerst an meine Hausbank	62	52
verlasse ich mich vor allem auf die Empfehlungen von Verwandten, Freunden	33	31
verlasse ich mich vor allem auf die Empfehlungen von Fachmedien (TV oder Zeitschriften)	36	39
wende ich mich an einen spezialisierten Anlage- oder Finanzberater	63	57
verlasse ich mich auf meinen eigenen Sachverstand	64	75

Quelle: Studie Deutsches Aktieninstitut 2005

Woran man eine gute Beratung erkennt

Einen guten Berater erkennen Sie schon vor dem Gespräch. Denn er kommt nicht unaufgefordert auf Sie zu und versucht – womöglich noch mit der Empfehlung eines Bekannten –, Ihnen einen Termin aufzuschwatzen.
Erscheint ein Berater zum Termin mit einem Laptop – schon schlecht. In vielen Fällen versucht er die Kunden nur zu beeindrucken. Er wird behaupten, nach Eingabe einiger weniger kundenspezifischer Daten würden Angebote verglichen und das beste für den Kunden ermittelt. Aber die Software fungiert schlicht als Verkaufshilfe und ist kein objektiver Informationslieferant. Mit einem Computer lassen sich auch Wissenslücken kaschieren. Eine gute Beratung braucht keinen großen EDV-Einsatz.
Wenn ein Berater Ihnen unaufgefordert eine Vermögens- oder Finanzanalyse angedeihen lassen will, die Ihnen angeblich viel Geld und Steuern sparen soll, müssen Sie auf der Hut sein. Er will nur herausfinden, was er Ihnen noch verkaufen kann.
Bei Beratungen sollte man grundsätzlich skeptisch sein. Meistens werden Sie nur da gut beraten, wo viele gleichartige Produkte in Konkurrenz stehen. Besonders kritisch sollten Sie sein, wenn Ihnen etwas heiß empfohlen oder vehement aufgeschwatzt wird.
Ein guter Berater nimmt sich Zeit zum Erklären, setzt Sie nicht unter (Zeit-)Druck, drängt nicht auf Vertragsabschluss und startet keine Überredungsversuche. Er informiert Sie, schickt Ihnen weitere Unterlagen – und lässt Ihnen die Möglichkeit, Vergleichsangebote zu prüfen.
Fordert der Vermittler Sie auf, Ihnen zwei oder drei Namen von Bekannten zu nennen, die auch an einer Beratung interessiert sein könnten, haben Sie einen unseriösen Vertreter vor sich. Ihr Name soll dann als Türöffner für weitere Geschäfte missbraucht werden.
Wichtig: Fragen Sie, ob der Vermittler eine Vermögensschaden-Haftpflichtversicherung vorweisen kann. Hat er eine, ist er integer und seriös. Denn niemand ist unfehlbar, und so schützt der

Berater seine Kunden schon im Vorfeld. Mit Antworten wie „Wir machen keine Fehler!" sollte sich niemand zufrieden geben.
Kann der Berater eine Auswahl von vergleichbaren Produkten vorweisen? Oder zieht er nur ein Angebot aus der Schublade, das er über den grünen Klee lobt? Dann prüfen Sie seine Reaktion durch kritische Fragen. Ein guter Test bei Sparanlagen ist immer die Frage nach vergleichbaren Bundespapieren. Diese sind in der Bankenbranche bei Verkäufern unbeliebt, weil daran nichts zu verdienen ist. Dafür sind sie für Sparer und Anleger immer interessant.
Ein guter Berater wirft auch nicht mit Fachausdrücken um sich, sondern erklärt, wovon er redet. Sonst kann man ihm Vernebelungstaktik unterstellen.

!

Vorsicht, wenn der Nachbar Versicherungen verkauft

Verbraucherschützer warnen immer wieder vor nebenberuflichen Vermittlern, die auch nach den neuen Richtlinien der Europäischen Union keine Qualifikation nachweisen müssen. Die nebenberuflichen Versicherungsvermittler sind besonders häufig unterqualifiziert. Sie versuchen, nach Feierabend oder am Wochenende ihren Nachbarn und Bekannten Versicherungen zu verkaufen.
Hintergrund: die geplante Umsetzung der europäischen Richtlinie für Versicherungsvermittler in deutsches Recht. Diese enthält nur grobe Vorgaben für die Qualifizierung vor allem nebenberuflicher Berater. Die Verbraucherschützer kritisieren dies als „Qualifikation light". In Deutschland gibt es derzeit rund 500.000 Versicherungsvermittler, die meisten von ihnen nebenberuflich. Diese müssen nach europäischen Vorgaben auch künftig nicht ausreichend qualifiziert sein.

Die unabhängige Honorarberatung

Guter Rat scheint teuer. Aber schlechter Rat ist noch teurer. Anleger müssen von der Vorstellung Abstand nehmen, dass es kostenlose Beratung gibt. Wer das behauptet, meint es nicht gut mit Ihnen. Denn wirkliche Berater verkaufen Ihnen keine Produkte, sondern Informationen. In der Beratung geht es ausschließlich um die Informationsweitergabe an den Auftraggeber. Und das kostet. Ein tatsächlicher Berater kann als reiner Informant beschrieben werden.

Frei von Abschlussdruck und Provisionsinteressen können Sie bei Beratern eine rechtlich, wirtschaftlich und finanziell unabhängige und uneigennützige Beratung erwarten. Solche echten Berater sind

- ❑ Mitarbeiter der Verbraucherzentralen,
- ❑ gerichtlich zugelassene Versicherungsberater und
- ❑ öffentlich bestellte IHK-Sachverständige für Kapitalanlagen und private Finanzplanung.

Verbraucherzentralen gibt es in den größeren Städten jedes Bundeslandes. Informationen über die nächste Verbraucherzentrale finden Sie im Telefonbuch Ihrer Stadt oder Ihrer Landeshauptstadt. Verbraucherzentralen beraten umfassend bei allen Finanz- und Versicherungsfragen. Die Beratungsgebühr ist von Bundesland zu Bundesland unterschiedlich. Verbraucherzentralen im Internet: www.vzbv.de

Gerichtlich zugelassene Versicherungsberater werden von der zuständigen Justizbehörde eingesetzt und vom jeweiligen Gerichtspräsidenten ernannt. Der Grund für das Engagement der Justizbehörden: Versicherungsberatung ist fast immer Rechtsberatung. Gerichtlich zugelassene Versicherungsberater helfen bei der Auswahl der richtigen Versicherungen ebenso wie bei Rechtsfragen und Streitigkeiten im Schadensfall und erstellen außerdem Versicherungsgutachten bei Streitfällen. Ihre Erlaubnis zur Zulassung ist mit der Auflage verbunden, jede Vermittlung von

Versicherungsverträgen zu unterlassen. Auch die unselbstständige Tätigkeit für ein Versicherungsunternehmen ist untersagt. Versicherungsberater arbeiten auf Honorarbasis. Die Bezahlung erfolgt nach einer gesetzlich festgelegten Gebührenordnung oder wird frei ausgehandelt. Die Honorierung sollten Sie vorher schriftlich vereinbaren. Auch bei Art und Umfang der Beratung und eventuellen Nebenleistungen ist es sinnvoll, diese schriftlich festzuhalten – damit alle Beteiligten wissen, woran sie sind. Versicherungsberater haften übrigens für ihre Fehler und müssen eine Vermögensschaden-Haftpflichtversicherung haben.
Bundesverband der Versicherungsberater: www.bvvvb.de

Frauen beraten Frauen

Gut beraten sind Frauen durchaus von Frauen. Denn Finanzberaterinnen können die weniger geradlinige Lebensplanung mit besonderen Erwerbs- und Familienbiografien von Frauen oft besser verstehen. Weibliche Anlageberater können den Informationsbedarf der Frauen und dessen Bedeutung besser einschätzen als Männer. Finanzdienstleistungen speziell für Frauen bieten Finanzdienstleisterinnen, die sich bundesweit zusammengeschlossen haben. Darunter finden sich Expertinnen für Versicherung, Kapitalanlagen, Finanzierungen und Immobilien. Alle sind in ihrer Arbeit wirtschaftlich unabhängig von Banken, Versicherungs- und Kapitalanlagegesellschaften und haben gemeinsam ein spezielles Beratungskonzept für Frauen in Deutschland entwickelt. Finanzfachfrauen gibt es in allen Bundesländern und nahezu in jeder größeren Stadt.

www. Finanzfachfrauen.de
Die Finanzfachfrauen, ein Zusammenschluss von unabhängigen und qualifizierten Finanzexpertinnen aus ganz Deutschland, beraten seit Mitte der 80er Jahre Frauen zu Fragen rund um Ka-

pitalanlagen, Versicherungen, finanzielle und unternehmerische Planung. Jede Beraterin ist von Banken, Versicherungs- und Kapitalanlagengesellschaften wirtschaftlich unabhängig.
Die Gruppe der Finanzexpertinnen tagt regelmäßig, tauscht sich aus, beleuchtet den Markt kritisch und lädt Referentinnen zu spezifischen Fragestellungen ein.

das finanzkontor
Anne Wulf
Kulmbacher Str.15
10777 Berlin
Tel. 030 - 214 747 –90
Fax: 030 - 214 747 –92
E-Mail: info@dasfinanzkontor.de
www.dasfinanzkontor.de

Fair Ladies
Anklamer Str. 38-40
10115 Berlin
Tel. 030 - 80 90 20 20
Fax: 030 - 448 48 77
E-Mail: fair-ladies@t-online.de
www.fairladies.de

Ulrike Müller
DAS NEUE BÜRO
Holbeinstr. 12
28209 Bremen
Tel. 0421 - 347 93 34
Fax: 0421 - 347 93 50
E-Mail: dasneuebuero@t-online.de
www.dasneuebuero.de

Cornelia Trentzsch
Fairsicherungsbüro
An der Pikardie 2
01277 Dresden

Tel. 0351 – 251 23 79
Fax: 0351 – 251 24 07
E-Mail: fairsicherungsbuero-dre@t-online.de
www.fairsicherung

Elke Scholz-Krause
Versicherungsmaklerin
August-Schärttner-Weg 12
63110 Rodgau (bei Frankfurt)
Tel. 06106 / 643882
Fax: 06106 / 643882
E-Mail: escholz-krause@t-online.de
http://esk.cityfinanz.de

Regina Weihrauch
Fairsicherungsbüro
Angerstr. 2a
37073 Göttingen
Tel. 0551 - 563 73
Fax: 0551 - 48 63 68
E-Mail: info@fairgoe.de
www.fairsicherungsbuero-goettingen.de

Susanne Kazemieh
FrauenFinanzGruppe
Grindelallee 176
20144 Hamburg
Tel. 040 - 41 42 66 67
Fax: 040 - 41 42 66 68
E-Mail: info@frauenfinanzgruppe.de
www.frauenfinanzgruppe.de

Christiane Göpf
Service 2000 GmbH
Vahrenwalder Str. 269a
30179 Hannover
Tel. 0511 - 96 66 746

Fax: 0511 - 96 66 701
E-Mail: mail@clever-investiert.de
www.clever-investiert.de

Ursula Oelbe
Versicherungs- und Finanzmaklerin
Bernwardstr. 31
31134 Hildesheim
Tel. 05121 - 51 29 96
Fax: 05121 - 51 29 97
E-Mail: ursula.oelbe@t-online.de
www.ursula-oelbe.de

Birgit Prange
incito consult
Ringstr. 54
24103 Kiel
Tel. 0431 - 72 97 459
Fax: 0431 - 21 08 636
E-Mail: prange@incito-consult.de
www.incito-consult.de

Heide Härtel-Herrmann
Frauenfinanzdienst
Herwarthstr.17
50672 Köln
Tel. 0221 - 912 80 70
Fax: 0221 - 912 80 790
E-Mail: info@frauenfinanzdienst.de
www.frauenfinanzdienst.de

Gabi Kulbe
Frauen-Conzept
Wahmstr. 35-37
23552 Lübeck
Tel. 0451 - 702 37 20
Fax: 0451 - 702 37 21

E-Mail: info@frauen-conzept.de
www.frauen-conzept.de

Helma Sick
frau & geld
Kaulbachstr.41 / Rgb
80539 München
Tel. 089 - 28 72 96 30
Fax: 089 - 28 0 24 55
E-Mail: helma.sick@frau-und-geld.com
www.frau-und-geld.com
Seit fast 20 Jahren berät Sick in München-Frauen in puncto Geldanlage und Rente. Sie gehört zu den Gründungsmitgliedern der Finanzfachfrauen.

Birgit Willberger
Lady Invest-Beratungs GmbH
Bürocenter Maxtorhof
Pirckheimer Str. 68
90408 Nürnberg
Tel. 0911/35 27 15
Fax: 0911/35 27 35
E-Mail: ladyinvest@compuserve.com
www.ladyinvest.de

Dipl. Ing. Iris Wiesner
Versicherungsmaklerin
Lübecker Str. 79
19053 Schwerin
Tel. 0385 – 758 89 88
Fax: 0385 – 758 90 51
E-Mail: iris.wiesner@t-online.de

Barbara Rojahn
Finanzberatung für Frauen
Lenzhalde 20
70192 Stuttgart

Tel. 0711 - 255 59 60
Fax: 0711 - 255 59 61
E-Mail: rojahnBS@t-online.de
www.frauenfinanzberatung.de

Svea Kuschel + Kolleginnen
Finanzdienstleistungen für Frauen GmbH
Nymphenburger Straße 3 c
80335 München
Tel. 089 / 545438-0
Fax: 089 / 545438-10
E-Mail: info@svea-kuschel.de
Neuer Wall 2-6
20354 Hamburg
Tel. 040 / 30 99 73 8-0
Fax: 040 / 30 99 73 8-220
E-Mail: hamburg@svea-kuschel.de
Svea Kuschel gründete 1986 das erste Finanzdienstleistungsunternehmen für Frauen in Deutschland. Beeindruckende 8.000 Frauen haben seitdem ihre Dienstleistung in Anspruch genommen und von ihrer Erfahrung profitieren können.

Ute Regina Voß
Mühlenstraße 33b
24601 Wankendorf
Tel.: 04326 – 288646
Fax: 04326 – 288648
E-Mail: urv@frau-und-vermoegen.de
www.frau-und-vermoegen.de
Ute Regina Voß berät und hält Seminare.

Frauenvermögensverwaltung – zukünftig Frauenbank –
www.Frauenvermoegen.de
Astrid Hastreiter und ihr Team bieten Workshops, Trainings und Beratung.

Stichwortverzeichnis

FSC
www.fsc.org
MIX
Papier | Fördert gute Waldnutzung
FSC® C083411

Kolibri 360 GmbH
Ferdinand-Jühlke-Straße 7
99095 Erfurt, Deutschland
produktsicherheit@kolibri360.de

Druck:
CPI Druckdienstleistungen GmbH
im Auftrag der
Kolibri 360 GmbH
Ferdinand-Jühlke-Str. 7
99095 Erfurt